RAVEN

運命に選ばれし者

杉　本　錬　堂

きれい・ねっと

プロローグ

運命に選ばれし者として生きる

夜明け前に目が覚めることがある。

そんな時は決まって、どんなに睡眠時間が少なくても、嘘のように身体と頭がすっきりしている。


リビングのソファーに座り、窓から東に目を向けると、水平線にうっすらと紫色の線が入ってくる。

地球の、森羅万象のエネルギーが夜から昼へと入れ替わる、いわば地球がリセットする壮大な数十分間、それは地球という大きな生命体のゆったりとした呼吸を感じるかのような時間だ。

そんな夜明けの時間や、自然の中に溶け込み、その心地よさを静かに味わっている時に、私は何度も不思議なインスピレーションを得てきた。

自分の中から出てきたとはとても思えない、時には意味も分からないような言葉に戸惑うのだが、そんな意識とは裏腹に、まるでその時を待っていたかのように、見えない存在からのメッセージが心身の奥深くまで沁み込んでいくのを感じるのだ。

これまで生きてきた道を振り返ってみると、まさかと思うようなほんのちっぽけな出来事が、人生を大きく変える転機になってきたことに気づく。

誰かからのふとした言葉やなんでもない一本の電話、気になって入ったカフェやなんとなく目に入った看板……。

しかし、見方を変えてみると、それらはすべて自分の意思や行動によるものではない。人生とは、自分で自由に決められるものではないということだろう。

人はこの世に生まれた瞬間から、すでに逃れようのない運命に選ばれているのだと思う。昨日小さな石につまずいて転んだことも、今日出会う友達との楽しい時間も、信念をもって成していく仕事も、さらには世界のシャーマンたちが語る預言までもがすでに定められた運命だ。

もしかすると自分で選んだのかもしれないが、生きている間にその真相を知ることは難しいだろうし、知る必要もないのではないか。

私たちは、それぞれに選ばれた運命に沿って生きていくしかない。しかしそれは、決められたレールの上をただ無機質に走ればいいということでは決してない。穏やかな風の中や乱気流の中、ジリジリと照りつける太陽の下や暴風雨の中を、喜怒哀楽にもみくちゃにされながら、小さな一瞬のサインを逃さぬよう五感を研ぎ澄まし、懸命に最善の道を探しながら生きていくのだ。

実はこんなことは、地球上に生きる人間以外のすべての生き物が、当たり前に行っていることだ。彼らは自分たちの周りで起きる小さなサインをしっかりとキャッチして、次の行動を決めている。

私が身体を整えることを伝えているのは、この地球上で自らの運命のもと、しっかりと生きていくには、小さなサインに気づき、それを活かして行動できる健やかな身体であることがとても大切だと痛切に感じているからだ。

若い頃の私は過酷な運命に翻弄され、どうして自分がこんな目に遭うのだと思いながら、どうすることもできずにただ流されて生きていた。

小さなサインに気づかなかったり、気づいているのにわざと無視したりして、回り道をすることもあった。

しかし、そんな回り道さえも大きな学びへ、人生の新たな展開へとつながっていくのだから面白い。そして、そのことに気づくと、結局何もかもが運命であったと降参するしかなくなる。そこでようやく、その運命を自分のものとして迎え入れ、濁流に流されながらも存分に楽しんで生きていく覚悟が決まるのだ。

私の人生が大きく動き始めたのは、幼い頃、名前も知らないネイティブ・アメリカンの大男から小さな「預言」を受け取った時だった。

お前はRAVEN。

やがてその大きな羽を広げて、世界中を飛び回るだろう……。

私のこれまでの人生など、格好の悪い、取るに足らないものであることは承知しているが、この運命の中で実に面白く生きてきたという多少の自負もある。

ただ笑ってもらうだけでもいいし、もしも役に立つところがあったなら存外の喜びだ。

さあ、すっかり前置きが長くなってしまった。

そろそろ、運命に選ばれし者「RAVEN」として、ただひたすらに生きてきた男の物語を始めていくことにしよう。

もくじ

第4章　見えない世界の力

第5章　身体の声を聴け

第 1 章

お前は RAVEN

牛小屋で生まれた赤ん坊

私は、1950年1月15日、静岡県伊東市宇佐美というところで生まれた。

不思議なことに、私は自分が生まれた時のことを覚えている。

そこは田んぼの真ん中にある牛小屋だった。

八畳ほどの広さで、畳はボロボロ、裸電球がポツンと灯っていて薄暗く、牛の鳴き声が聴こえていた。家畜とすえた藁《わら》の臭いが混じり合ったような、なんとも言えない「臭いの感じ」を今もありありと覚えている。

後年になって、気になっていた遠い記憶のことを母に聞いてみた。

すると、母は驚いた様子で「ああ、それは、あなたが生まれた家だね。家といっても牛小屋なんだけど。でも変だね、そこに住んでいたのはあなたが3カ月くらいまでなんだよ。よくそんな小さい頃のことを覚えているねえ」と話してくれたのだ。

母によると、太平洋戦争中、私たち一家は親父の故郷である宇佐美に疎開していたそうだ。農家だった実家では次男の親父はあまり歓迎されず、牛小屋の一角に住まわされていた。

ただ、私が生まれた3カ月後には、父がパン屋を始めたこともあり、私たちは牛小屋から引っ越したらしい。

それにしても、なぜ生まれた時のことをこんなにはっきり憶えているのか。しかも、イエス・キリストと同じ馬小屋なら話のネタにもなるのだが、残念ながら牛小屋だ。

大した意味はないのだが、自分の記憶が勘違いでもなく、思い込みでもなく、生まれた時の本当の記憶だったことが分かり、少しばかり嬉しかった。

親父と神々の木

空襲で焼け出されて疎開する前、神奈川県大船の駅前でパン屋をやっていた親父は、宇佐美でもパン屋を始めて大いに繁盛した。パンは売れに売れて、閉店してから売上のお金を数えるのに30分はかかったそうだ。

その頃の親父は相当に羽振りがよく、当時では有りえないようなハイカラな生活をしていた。

今で言うところのハーレー・ダビッドソンのような「陸王」というバイクを転がし、仕事が終わるとステレオでジャズを聴きながらコーヒーを飲む。私は、そんなかっこいい親父が好きでたまらなかった。

虚弱な身体の影響とファザコンで、私はいつも親父の後ろにくっついていた。

その頃のパン焼きは薪を使ってのパン釜だったので、親父は月に何度か、借りていた山に木を切りに出かけた。雑木林の中で木を切り出して薪を作ったり、炭焼き小屋で炭を焼いたりするのだが、そのあたりが私の遊び場だった。

親父の言動は面白く、なるほどと思うことが多かった。休憩時間になると、山の摂理、自然界の営みについて話してくれるのだが、私はそれが楽しみで仕方なかった。

「ほら、あそこにいる鳥を見てみろ。あの鳥はセキレイっていうんだがな。尾っぽをチョンチョンと縦に振っているだろう？　ああいう振り方をした時は雨が降る前兆なんだ」。すると、決まって本当に雨が降ってきた。

「この実は今食べると苦いんだが、土に埋めておくと2日でおいしくなる」。実際にやってみると、本当においしいのだから驚きだ。

そんなふうに、親父は山の中で、実際に目で見て確かめながら様々なことを教えてくれた。

クモの動きを見ても、雨になるか晴れるかが分かる。風が強くなり雨が近づいてくると、クモは自分の巣がどれぐらい風雨に耐えられるのかをきちんと確かめる。忙しそうに縦糸を軸に上下し、巣の補強をしていくのだ。

クモの巣の縦糸と横糸とは違うということも教わった。縦糸は非常に強いが、べたつきがない。クモの餌になる虫や蝶はべたつきのある横糸にくっつくのだ。実は、横糸にはクモの足もくっついてしまう。だから、クモは縦糸を軸に作業する。横糸を使って左右に動くときは、彼らも充分気をつけている。

私は身体が弱い分だけ空を見つめることが多く、身体が丈夫でない分じっと観察することができた。

やがて、雲の動きを見れば、天候が分かるようになった。黒雲が出れば、あっという間に天候が変わる。クモは２・３時間前に天候の変化を察知して巣の補強作業に入る。虫たちの予知能力は鳥や動物たちよりも高く、動きは素早い。

ツバメが低く飛ぶと雨が降るとよく言われるが、それは、彼らのえさになる羽虫が雨に叩かれるのを嫌って葉の後ろに避難するからだ。それを狙ってツバメが低く飛ぶ。晴れていれば羽虫もふわふわ高いところへ舞い上がる。だからツバメも上昇する。

こんなことは常識だと思っていたのだが、今は空を見る人も少なくなって、大人も子供もスマホや目先のことばかり見ている。

本当に大切なものは、顔を上げてこそ見えるものじゃないかと思う。

木の切り方、切っていい木か切ってはいけない木か……、これも山で親父から教わった。放っておいても枯れていくような木を切っていくのだ。

自然林は驚くほど自然の摂理を守っている。

自然の森を見てみると、自分たちの成長を守るために、ある一定の間隔をとって自生しているし、様々な種類の木が混じり合って、お互いに譲り合いながら生えていることに気がつく。

その中でも、ブナ、ナラ、サカキ、ヤマサカキ、クロモジ、ヤマシキビ、ケヤキなど十数種類の木たちはものすごく偉い。

山の守り神、神々の木だ。

彼らは干ばつで日照りが厳しい年は葉を大きくつけて、下に生えている草や丈の短い木々のために日よけをつくる。

逆に天候が荒れ、雨が多く、日照時間が短い年だと、なるべく葉を小さくする。下の草や樹木に、より多く日光が当たるための配慮なのだ。

しかも、驚くべきことに、彼らはその準備を7年前からはじめる。

虫たちは彼らの様子を感知して、3年前に準備を始める。

羽に粉のついた蝶などは雨に弱いので、雨の多い年は数を減らす。反対に雨が少なく晴れが続く年には、桜の葉が出る4月頃になると、やたらと毛虫が多く出てくる。

私が「今年の天候は雨が少なく日照りになる」などと予言者のように話すと、皆はそろって驚くのだけれど、実は神々の木の動きを見て話しているのだ。

ちなみに動物たちは、その木の動きを見て3カ月ぐらい前にこれからの天候に気づく。

たとえば干し柿にして保存がきく渋柿がたくさん実をつけたら、その年の冬は長く、寒く、雪が多いということになる。すると、クマたちは慌てて里まで出てきて渋柿をたらふく食べ、例年よりも長い冬眠に備えるのだ。

保存が出来る物、お米などの穀類が豊作の年も冬が長い。

それに比べて人間はというと、明日のことさえ分からない。

そう考えると、人間なんてちっぽけなものだと思える。

弱い自分と強い自分

小学何年生の頃だったか。

冬の寒い夜、風の音に混じって、ドンツクドンドンツクツクと遠くで太鼓の音が聞こえる。

怖くなって母に話すと「こんな夜遅くに太鼓が鳴るわけがないじゃない！」と叱られる。私のほかには誰も聞こえていないのだ。

それだけではない。当時の我が家はかなり広く、私の部屋は2階の廊下の奥にあった。部屋へ行こうとして階段を上ると、その瞬間に廊下を何かが横切るのだ。何なのかは分からないが、たしかに何かが横切る。

あまりにも怖くて「お願いだから、一緒に部屋に行ってよ」と頼むのだが、家の者は笑いながら「何にもいないよ」と言って取り合ってくれない。それでもしつこく頼んで一緒に上ってもらったのだが、その時は何も起こらないのだ。

そんな私なのだが、なぜか自然の中、夜の山や暗闇の森などにはまったく恐怖を感じなかった。

小学校時代、子供たちで山に行き、竹を編んだり、杉の木の葉などを使ったりして「セヤ」という隠れ家をつくった。

私は夕方になると一人、食べ物と懐中電灯を持ってセヤに行き、夜を過ごした。他の子たちは昼間は一緒に遊ぶのだが、「夜の山や森は恐ろしい。とてもじゃないけど寝泊りは無理だ」と皆尻込みしてしまうのだ。

満月の夜などは、セヤの屋根のすき間から月の明かりがこぼれてくるのを眺めながら、気持ちよく眠ってしまう。


私の中には、弱い自分と強い自分が存在しているのだ。


問題は健康だった。小学3年生の時、いつも顔がむくんでいる私を心配して、母が病院に連れていってくれた。

すると、とても怖い女医さんから無造作に一言、「この子は心臓が悪い。心臓弁膜症だから長生きしないよ。ああ、それと運動は一切ダメだからね」と言われた。

「長生きしない」という恐ろしい言葉だけが耳に残って、布団に入っても眠れない日々が続いた。

心臓弁膜症なんて、当時は誰も聞いたことがなかったようで、「怠け病のひとつだろう」くらいにしか思ってもらえず、皆から「お前はいいよな。運動もしないで休んでいるだけで」と言われた。

小学４年生になると、鼠径《そけい》ヘルニア（脱腸）になり、病院で「手術ですね」と言われて震え上がった。どうしても手術が嫌で、毎日お灸を続けたりもしたが結局治らなかった。

小学５年生の初夏、身体のあちこちが痒くなって全身をかきむしったら、全身がどんどん赤く腫れあがった。

心臓の薬の副作用で小児肝炎になってしまい、アレルギーによる蕁麻疹《じんましん》が出たのだ。

心臓弁膜症で運動はダメ、さらに小児肝炎にもなってしまい、すっかり薬漬けになってしまった。

ただ、この時病院に行ったのがきっかけで、その夏休みに鼠径ヘルニアの手術を受け、

5日間の入院で鼠径ヘルニアからは解放された。

当然、周りの子供たちに比べると身体は小さくひ弱で、筋肉もなく、体育の時間は木陰に座って、皆の運動をぼんやり見ている子供だった。

周りの子供たちと遊ぶことは少なく、大人たちと一緒にいることが多かった。大人たちが教えてくれる雑学はとても面白かったのだが、学校でその話をしていると、決まって先生から「杉本！　そんなくだらないことばかり言ってないで、もう少し勉強しろ！」と叱られた。

今でも話をする時、「こんな話、面白い？」と尋ねる癖があるのは、それがトラウマになっているからだと思う。

それにしても、今ではあの頃の雑学の話を講演することが多く、学校で教わったことは何も役に立っていない。人生と言うのは、面白いものだ。

お前はRAVEN

１９６０年、10歳の時だった。

大繁盛していた実家のパン屋には、様々な人たちが出入りしていた。その中には外国の人もいて、私が「ハワイのおじいちゃん」と呼んでいた老人もその一人だった。

ハワイのおじいちゃんは大東亜戦争中、アメリカ軍の日系部隊として日本軍と戦った人だった。日系部隊とは、米国内に住んでいるネイティブ・アメリカンや日本人で構成された混成部隊で、常に最前線に送られていたとのこと。戦後、退役して日本に帰化し、伊豆の宇佐美に住み着いたらしい。

軍人時代の勲章や軍用ナイフなど、珍しいものを見せてくれるので、私はしょっちゅうおじいちゃんの家に遊びに行っていた。

ある日、おじいちゃんの家に遊びに行くと、浅黒い大きな男性が椅子に座って煙草をくゆらせていた。隣に座ったおじいちゃんは、レモネードを飲んでいる。

なんだか怖い気がして、玄関の階段に腰かけて遠巻きに見ていると、おじいちゃんが空になったレモネードのコップを持って立ち上がった。同時に、怖い人も立ち上がった。私はその姿を見てさらに驚いた。今まで見たことがないほど大きかったのだ。

彼はのしのしと歩いて、私の前に立った。

そして、怖くて動けなくなっている私の頭を、その大きな手で押さえつけ、低い響く声で何ごとかを話した。

「お前はRAVEN。今は小さいけれど、やがてその大きな羽を広げて、世界中を飛び回るだろう」。

おじいちゃんが訳して親父に話してくれたらしいが、親父はそんな預言めいた話が大嫌いで、それ以上は何も話してくれなかった。

ただ、その時彼は黒い鳥、「RAVEN」の絵を描いて渡してくれた。とてもかっこよくて、私はそれを自分のトレードマークにすることにした。


それから1年ほどたった頃だろうか。

近くの八百屋のお兄ちゃんが、まだ産毛の残るカラスの雛鳥を拾ってきて、なぜか「お前にやるよ」と言う。親父には「この様子じゃ絶対生きられない」と言われたが、なんとか助けたくて、当時飼っていたメジロのすり餌など、食べられそうなものを一生懸命与えて世話をした。


生き延びて立派に育ったカラスの「カーコ」は、とても従順で可愛かった。

２００メートルほど離れていても、「カーコ！」と呼ぶと「アーアー」と返事をしながら飛んできて、ひゅっと私の肩に止まって一緒に歩く。きっと周りからはおかしなやつだと気味悪がられていたことだろう。

2年ほど飼っていたカーコはいつの間にかいなくなってしまったが、私にとって黒い鳥の存在は、より特別なものになっていった。

しかし、中学に入ってから、英語の教師が「RAVEN」の絵を見て「何だ、この絵は？」と言ってきた。

「大ガラス」と答えると、「お前、カラスはCROWと言うんだぞ。カラスは縁起が良くないから、そんなものを持ち歩くのはやめろ」とまで言われたので、使わなくなってしまった。

ずいぶん後になって知ったのだが、実は英語などの一部の言語では、一般的なカラス（CROW）とワタリガラス（RAVEN）とは、意味合いがまったく違うらしい。カラスは生ゴミなどを漁る不浄な鳥とされるが、ワタリガラスは世界共通で、目的地を知らせ、「導く者」としてのイメージが強いのだそうだ。

南東アラスカ沿岸部に暮らすネイティブ・アメリカンのクリンギット族にとって、ワタリガラスはトーテムポールで羽をひろげる「海を渡る」カラスとして知られる。

アイヌ民族は、ワタリガラスのことを年老いた賢者のカラス「オンネパシクル」と呼び、北欧の神話では、世界中を飛び回り、主神オーディンに見たものを報告するフギンとムニンという2羽のワタリガラスがよく知られている。

旧約聖書では、「ノアの方舟」の大洪水を起こした大雨が去った後、陸地を探すためにノアがワタリガラスを放ったという記述がある。

ブータンではワタリガラスは守護神の化身とされ、国鳥にもなっている。そして、日本神話にも導きの神とされる「八咫烏《やたがらす》」が存在するのだ。


今思えば、おじいちゃんの家で出会った大男は、ネイティブ・アメリカンのシャーマンだったに違いない。

その後長らく、世界中に行くようなことはなかったが、60歳を過ぎた頃から、本当に世界中を飛び回ることになった。あまり大きな羽ではないが、10歳の時に聞いた預言は、成就したということになるのかもしれない。

虚弱で軟派な高校生の進路

通っていた宇佐美中学は当時問題を抱えた生徒が多く、地元の伊東市内で最も恐れられていた。

地元で知らない者はいないと言われるほどの金持ちの家の息子で、しかも病弱で子供のようなひょろひょろした体型の腰抜けだった私は、周りの悪い同級生にとってはまさに「いいカモ」だった。

私を捕まえてはたかり、おどし、殴ってはパンを持ってこさせ、時にはお金も脅し取る。私は毎日、その悪い同級生たちの目に留まらないように、隠れるようにして日々をやり過ごした。

なんとか入学した高校は、ベビーブーム世代ではよくある話なのだが、同級生は３００人以上、１クラスに50人以上はいるマンモス校だった。

入学当初の身長は１５８センチ、体重42～43キロほどで、やはり小柄でひ弱な高校生だったが、２年生になると時季が外れたタケノコのようにヒョロヒョロ、グングンと背が伸びた。

夏には身長が１６８センチ、体重52キロとなったが相変わらず虚弱で、夕方３時過ぎになると決まって身体中にジンマシンが出た。ジンマシンを抑えるために抗ヒスタミン剤を投与するのだが、副作用で身体が鉛のように重くなって眠気が襲ってくる。

こんな日々の繰り返しで、毎日がけだるく過ぎていった。３年生の夏になる頃には身長は１７２センチまで伸びたが、体重はほとんど増えず、相変わらず虚弱で軟派だった。

高校3年生になると、進路をどうするかという話になる。

焦った気持ちもなく、就職して苦労するのもイヤだった。家は金がありそうだし、勉強は好きじゃないけど、ポンとお金を出してもらって大学へでも行こうかなどとぼんやり考えていた。

でも、親父に「お前、どうするんだ？」と聞かれて「大学でも行こうかなあと思ってるんだけど……」と言うと「へえ、お前って、そんなに勉強が好きだったっけ？」とすぐに見透かされてしまった。

そうこうしているうちに進路決定の時期も終わりに近づき、クラス内のほとんどの生徒の就職もしくは進学が決まり、教室中にウキウキ感が漂うようになってきた。

それでも特に焦りはなく、「まあ何とかなるかあ」といつも思っていた。

いよいよ押し迫った2月の上旬。私の前の席にいた穴久保君が、机に向かって夢中で何か書いている。彼はとても物静かで誰にでも優しい男子だ。

「穴久保、何書いてるの？」

「教えない……」

「何だよ」

「自衛隊の願書だよ。俺さ、公務員になりたいんだ」。

「ジエイタイの願書？」

「うん国鉄（現ＪＲ）を受けたんだけど、どうなるか分からないから自衛隊にも願書を出してみようと思うんだ」。

「へえー、自衛隊に行くのかあ。お前が行くなら、俺も行くかなあ」。

「エッ！　杉本、お前も行くの？」

「うん、決めた。俺も行くよ」。

穴久保君から予備の願書をもらい、その場で書き込んで職員室に持って行った。

「先生！　俺、自衛隊に行くことに決めました。穴久保も行くって言ってるし、俺も行きます」。

担任教師は驚いて、「お前が自衛隊に行くのか？　本当か？　よく考えたか？」と何度も聞いてきたが、「まあ、そのつもりです」と言って提出してしまった。


その後、穴久保君は国鉄の合格通知をもらい、めでたく国鉄に行くことになった。私はというと、「いつか、断ればいいんだ」と思ってぼやぼやしているうちに、自衛隊から試験日の通知が届いてしまった。

「まあ、受かるかどうかも分からないし、とりあえず受けに行って、嫌なら止めればいいや」と軽く考えて、私は入隊試験を受けに行くことにしたのだった。


入隊試験前日、昼頃の熱海発の電車に乗って海上自衛隊横須賀教育隊のある衣笠駅に向かった。クラスの友人４人が「出征祝い」と称して熱海駅まで見送りに来た。

ドアが閉まり、電車が出る。その時に親友の村松君が大きな声で、「スギモトススム君、出征、万歳！」と大きな声を張り上げながら、手を差し上げた。それに続いて仲間も「万歳、万歳」と叫ぶ。

恥ずかしくて、顔が熱くなったのを今でもよく覚えている。

実は私を見送った後、みんなで「杉本のやつ、行ったのはいいけど、何日もつだろうな。賭けようぜ」という話になったらしい。

でも、全員が「せいぜい３日くらいだろう」と言って、賭けは成立しなかったそうだ。

地獄のような日々の始まり

衣笠駅の改札から外に出ると、「横須賀教育隊専用バス停」という看板の横に、桜の絵が入った錨《いかり》のマークと横須賀教育隊と書かれた青いバスが停まっていた。

バスに乗り込むと学生服を着た人が８割ほど、それに混じって背広を着た人、妙な作業着を着ている人が乗っていて、なんだか異様な雰囲気だった。

当時、自衛隊に入る人の多くは、北海道、九州、東北の順に、働き口が少ない地方の人だった。それらの地域には本当に生活が厳しい状況の人たちが多くいて、格差社会などという言葉はなくとも、相当の格差があった。

当時の自衛隊の基本給は1万5千円。これは当時の都会で暮らせる平均的な金額で、「田舎ならこの給料でまあまあの生活ができるよ」と北海道の同期が言っていた。

横須賀教育隊に到着した私たちは、白い3階建てのコンクリートの隊舎に案内された。

この試験は、とんでもない数の人たちが受けていた。1班が15人の6班、つまり90名で構成される分隊がかなりの数あった。私は16分隊の4班となった。

1部屋に2段ベッド8個が2組、1部屋30人の居住スペースに放り込まれて、明日からいったいどんな試験が始まるのか、ドキドキしてその夜は眠れなかった。

次の日の朝、私たち４班の班長になった阿部班長から挨拶があった。

「おはようございます。私は４班の班長、阿部一曹と申します。分からないこと、困ったことがあったら何でも言ってください」。

この時の阿部班長のぎこちない優しい口調は、今でもはっきり覚えている。

そこから３日間、身体検査、適性検査、面接試験、運動能力試験などが続いたが、その間の担当班長たちの応対はとても優しく親切なものだった。

「想像と全然違うじゃないか。これは楽勝だぞ」。

緊張していた気持ちがほぐれて、ウキウキしてきた。

３日間の試験を終えた夕方、結果を聞くために講堂に集合する。

椅子に座って待つ間、皆も緊張しているのか会話も少ない。数分で３人の班長が紙袋を持って現れた。

「皆さん合格です。おめでとうございます！　今から配る紙をよく読んで、納得したらサインをして判を押してください！」

そこには自衛隊の宣誓文が書いてあった。

「私はわが国の平和と独立を守り、自衛隊の使命を自覚し、法令を遵守し、一致団結、厳正な規律を保持し……」。

この宣誓文はその後1日に何度も読まされたから、頭にこびりついている。

実は、当時の自衛隊は、入隊願書に名前さえ書けば入隊できた。後で気づいたのだが、全員入隊することは最初から決まっていた。だから、分隊、班編成、班長などの配置がすべて決まっていたのだ。

承諾書にサインした後、隊舎に戻ってのんびりしていると、隊付きの海士長から「みんな順番に上がってきてください」と隊舎の屋上に呼び出された。

暗くなった屋上に出ると、そこには４人の班長が竹刀を持って立っていた。そして、いきなり一斉に竹刀を振り上げ、頭に一撃、驚く間もなく背中、尻、腿《もも》、ところかまわずメチャクチャに叩かれた。

それは「シャバっ気を抜いてやる」という洗礼儀式だった。

この瞬間から、班長の態度がガラッと変わった。

当時の自衛隊には、気合の入った旧海軍の生き残りの人や、特攻に行きそびれた人たちがゴロゴロいた。

その時代の自衛隊の教育隊の体罰は、竹刀で叩く、ビンタ、ケツバッター（「軍人精神注入棒」と書かれたボートのオールの柄を短く切った棒）で叩くという三種類。この体罰は、ありとあらゆる理由をつけて全員が１日１回以上は受けるようになっていた。

ここから始まった毎日は、学生時代に受けたいじめなどの比ではなかった。

凄まじい訓練の結果

教育隊の生活は、朝6時の起床から夜10時消灯まで、夕飯の時間を挟んで2時間の自由時間以外は全てが訓練だった。

朝、6時5分前に隊舎内のアナウンスが「総員起こし5分前」と告げる。この時に、周りや班長に見つからないようにそっとズボンをはく。ばれたらビンタだが、人より遅れたらビンタどころでは済まない。

起きてから整列まで、最初の60人は許されるが、遅れた30人は竹刀で尻をみみずばれができるぐらい叩かれる。それを逃れるためなら、一発のビンタぐらい大したことではない。

起床ラッパが流れ「総員起こし、総員起こし」とアナウンスされた途端、全員が一斉にバッと起き上がる。

起きて衣服を整え、寝具を片付け、2階から階段を駆け下りる。

整列して点呼をとり、「第4班、総員15名、現在員15名異常なし！」「第2班、総員……」と報告の声が飛ぶ。


起きるのも競争なのだ。

トイレも競争、洗濯も競争、すべてが競争だ。


朝は5キロ、夕方5キロ、夜5キロ、毎日15キロを走る。

カッター（短艇・手漕ぎボートのひとつ）を漕ぐために腹筋600回を目指して、毎日300回以上の腹筋運動を繰り返す。

他にも腕立て伏せ、銃格（銃で行う剣道みたいなもの）、相撲、水泳……、今までの私なら一種目だけでも疲れて倒れてしまうようなことばかりだった。「こんなことしたら死んじゃうよ」と思うのだが、なかなかどうして、簡単には死なないものだ。

竹刀かケツバッターか、それともビンタかという毎日。

通常の訓練だけではなく、たとえば「煙草の吸い殻が一個落ちていた」だけで、連帯責任で腕立て伏せ１００回。できなければ竹刀でぶっ叩かれる。

ひたすら訓練に明け暮れ、日曜日だけは朝のマラソンが終了後、９時から15時45分の点呼まで外出を許される。

そんな日々が４カ月半続いた。


４カ月半の教育隊の訓練が終了し、休みをもらって伊東に帰郷すると、早速高校時代の３人の友達が集まった。それぞれ陸上部、庭球部、バスケ部上がりの連中だ。

「杉本！　だいぶ鍛えられたんだろう？　どれぐらいか見てやるよ」。

負けたヤツが晩飯をおごる約束で、１キロぐらいのかなりきつい坂を登る競争をすることになった。

私を含む全員が、負けるのは当然私だと思ったのだが、４カ月半の訓練はダテではなかった。結果はケタ違い、あっという間に３人をぶち抜いて圧勝した。

「あれ、もしかして俺って強いの？」

そういえば、その頃の私は腕立て伏せ１５０回、懸垂47回、腹筋運動は６００回できるようになっていた。

自衛隊で得られたもの

その後、私は横須賀の駆潜艇《くせんてい》「わし」に配属された。

駆潜艇というのは潜水艦を追いかけまわす船で、あまり大きくはない。私は船の「内燃要員」、つまりエンジンマンとして配属された。

教育隊と比べると、実施部隊は嘘のように自由時間がある。

そこで、隊内にある少林寺拳法部に入門。あんなに弱虫だった自分が、実は格闘技が好きだと分かった。それまで鬱積《うっせき》していたものが爆発したのだろうか、めきめき強くなっていった。

この頃はケンカばかりしていた。練習した技を試したくて仕方なかったのだ。

しかし、隊内でのケンカは当然御法度、除隊処分になる。だから、休みになると揉めごとを求めて、横須賀の有名な繁華街「どぶ板通り」をうろついていた。

駆潜艇の乗艦勤務をして7カ月後、突然「術科学校の電子課程に入校せよ」という命令がきた。

術科学校は、通常は成績優秀者のみが入校するものだった。だから、教育隊時代、成績も体力も目立つほどのものではなかった私がなぜ術科学校に入校できたのか、ちょっと不思議だった。

配属されたのは「電気員」。まずは広島県の江田島に向かった。江田島は元海軍の士官学校があったところで海軍資料館は今も有名だ。

江田島で勉強したのは電気一般の基礎知識、基礎とはいっても私には難しく、「オームの法則」「インピーダンスの出し方」「キャパシタンスの計算」等々、さっぱり分からない用語が飛び交う。化学も数学も大嫌いな私が、そんなことを聞いても分かるはずがなく、当然成績は散々だった。

ところが、教官たちは「お前がこんな点数なわけがないだろう」と不思議がった。「お前の知能指数はＩＱ１７６なんだから、できないのはおかしい」と言うのだ。

どうも、私が術科学校に入ることになったのは、ＩＱが信じられないくらい高かったからのようだ。

聞けば、ＩＱ１５０以上で天才と呼ばれるそうで、アインシュタインのＩＱは１６７くらいらしい。「お前はケタ違いなんだから、点数が低いのは努力不足だ」と言うのだが、本当なのか？
だいたいＩＱテストなんてあてになるわけがない。たとえば、「電話の受話器を後ろから見るとどう見えるか？　そのかたちを答えなさい」なんていう質問ばかりなのだから。適当に答えて、それが偶然当たってしまうことだってあるだろう。

電子課程を卒業して、横須賀の第三術科学校に移動、ここは船の機関科の専門学校だ。合わせて6カ月の学校生活が終わり、護衛艦ＰＦ・パトロール・フリゲート艦「きり」に配属された。「きり」は廃艦寸前の艦で、乗っていたのは3カ月だけだった。

その後、潜水艦学校に入校を命ぜられ、6カ月間の学校生活を経て、潜水艦に乗った。「あさしお」という艦で、全長100メートル、127人乗り。
担当は電気員だ。潜水艦はディーゼルエンジンで発電機を回して作った電気でスクリューを回し、潜ってしまうと電池に切り替えて航行する。私は船のエンジンマンということになる。

当時は米ソ冷戦の時代で、伊豆大島のあたりにもソ連の潜水艦が山ほどいた。日本海の訓練では、7日7晩ソ連の駆逐艦に追いかけ回されたこともある。死を意識する瞬間もあった。

3年経って、私は任期満了除隊願いを出した。ある休日、艦の食堂でお茶を飲んでいると、機関長から声をかけられた。潜水艦の中枢、発令所に連れていかれて、話が始まった。

「杉本、お前この満期で除隊するそうだな。考え直す気はないか？」

機関長は防衛大学の1期生で、それまでの昇任試験すべてに受かったエリート中のエリート、歳はたしか40歳前半くらいだったと思う。階級は三等海佐で士官幹部の中でもひときわ輝いていた。

「お前は他の者とは違う何かを持っている。これからの時代の自衛隊にとって、必要な存在なんだ。もう一度考え直せ」。

面と向かって、自分のことを「必要なんだ」と言われたのは初めてのことだった。しかも相手は機関長……心は揺れ動いたが、黙っていた。

こうして私の自衛隊員としての生活は終わったのだが、今振り返ってみると、この自衛隊での生活がなければ今の私はあり得ないと思う。

一般社会では体験できないことを体験できたし、何よりあの時あのまま、目的もなく大学に進学していたら、遊び呆けてろくでもない青春時代を送ったに違いない。

自衛隊に入ることで、強く生きることや秩序の大切さを学んだ。

厳しい生活ではあったが、育ててもらったことに心から感謝している。

第2章

波乱万丈な人生

菓子でも作るか

海上自衛隊を満期除隊してからの1年間は、定職にも就かないで遊びまわっていた。自衛隊での生活はたえず緊張感があったから、その反動だったのかもしれない。それにしてもひどい暮らしで、すべてを話せないほどの暗黒の1年だった。

ある日の夕方、母が部屋に入ってきて座り、「あんたが帰ってきて以来、この家には一日たりとも平和がないんだよ。もう出ていってちょうだい」と泣いた。

たしかにそうだった。家に帰ってきてからというもの、兄弟とは揉める、ガラの悪い友達が家に入り浸る、警察が事情聴取に来たことまであった。

母に泣かれてしまったのには、さすがにまいった。

これは出ていくしかないなあ……。どこかに勤めるか。いや、それはムリだ。どこかの営業にでも雇ってもらうか、それも気が進まない。

ふと、思った。

菓子でも作るか。

単なる思いつきだが、菓子なら家業にも近いし馴染みもいいだろうと思い、家で定期購読していた菓子屋向けの機関誌『ガトウ』を開いてみた。そこで真っ先に目にとまったのが、東京製菓学校の広告だった。

親父に、「製菓学校へ行こうと思う。入学金は自分で出すつもりだけど、毎月の仕送りをしてくれないか？」と聞いた。

親父は、「製菓学校？　まあ、理論を学ぶにはいいかもしれないな。実技はともかく、理論はしっかりと勉強しておけ。仕事は現場で覚えられるが、理論は学校でしか勉強できないからな。仕送りはしてやるから、頑張ってみろ」と言ってくれた。

学校は楽しかった。

自衛隊と違って人と競争する必要はなく、自分の努力次第で技術を習得していけるので、本当の意味での自由を感じることができた。

1年半で卒業し、学校の推薦で代官山にある有名店に勤めることになった。給料もそこそこ良くて、生活もしていけると思ったので期待は大きかった。

ところが、実際店に入ってみて驚いた。名物のレーズンを挟んだお菓子だけを1日に1500個つくれとのこと。それも、次の見習いが入ってくるまではその仕事だけだというのだ。そんな単純作業、私には我慢できない。

学校の推薦もあり、製菓学校の特別講師で、当時私が最も尊敬していた先生の紹介もあって入った店だった。

ちょっと辞めにくいぞとは思ったが、結局3日目の朝、仕事着に着替えもせずに工場長に話をして辞めてしまった。

そしてその足で、紹介してくれた先生の店に挨拶に行った。店に着くまで、どう言ってお詫びしようかと考えていたが、それは杞憂に終わった。

先生は私に気づくと、ニコッと笑って粉だらけの手をあげてくれた。

「申し訳ありません。3日もたずに辞めてしまいました」

「そうなんだね。辞めると思ったよ」

「えっ！　どうしてですか？」

「まあいいじゃないか、辞めてしまったんだから。それなら、私の知り合いが葉山で店を開いたんだ。いい仕事をしているから、行ってみるかい？」

「ありがとうございます！　次は頑張ります！」

紹介してもらった店を3日ももたずに辞めてしまったというのに、次の店を紹介してくれるなんて、本当にありがたかった。

菓子職人としての本格的な修行

翌日訪れたその店は、葉山鐙摺《あぶずり》海岸の傍にある英国風の小さめの建物で、湘南では有名な「葉山フランス茶屋（日影茶屋の支店）」だった。海の隣にあると言ってもいいほど海に近く、環境は抜群だった。

この店で、本格的な修行が始まった。店は開店したばかりで、製造スタッフは私の他にチーフを含む5人だった。菓子の見た目のオシャレさは群を抜いていたし、当時にしては珍しく高級なお酒を使っていて、味も他店にはない特別な美味しさだった。

フランス茶屋には2年ほど勤めたが、その間にみるみる有名になっていき、女性誌に掲載されたりテレビで取材されたり、映画のロケ地になったりもした。

店は大繁盛、勤めていた2年間で、売上はなんと360％増しになった。毎日始発に乗って帰りは終電に近い。忙しいシーズンには、定休日でも午後には出社して仕事をしていた。毎日が戦争のような忙しさだった。

フランス茶屋に就職してから2年、25歳になった頃に、店を紹介してくれた先生からプランニングを頼まれた新しい店のスタッフに来てくれないかと頼まれた。義理もあり、筋を通さなければと思ってその店のスタッフになることにした。

東京・祐天寺の「モントロー」という店で、セコンドになった。セコンドというのはチーフのすぐ下のことで、日本語で言うと副工場長といったところだろうか。

その店のチーフは身長１８０センチ近く、すらっとして色白で、神経質そうな張り出した頬にメガネをかけており、性格も見た目そのものの人だった。

そんなチーフから、ある時突然「来週から、毎週新しい菓子を一品ずつ考えて、商品として出してくれ」と言われた。驚いてチーフの顔を見ると、意地悪そうな目つきで、「フランス茶屋にいたんだから、できるだろう？」と嫌がらせじみた言い方をする。

ムッとした私は、後先考えずに「分かりました。やってみます」と即答した。

ただ、そうは言ってみたものの、まだまだ修行中の私のレパートリーがそれほど多いはずがない。製菓学校時代に無理をして買った、厚さ15センチもある世界洋菓子辞典を見ながら、必死になって作ったのだった。

面白いもので、この嫌がらせともつかない要求に必死に応えようとしたことが、私のレパートリーを多くする結果となり、大きな自信につながった。

新しく作った菓子は、「今週の新商品」としてショーケースに並んだ。一年間で計40点ほどを新商品として作り上げるのはかなりきつい仕事だったが、この経験によって何事においても真摯に勉強する習慣がついた。

また、毎週様々な菓子を作っていくことで、どんな菓子が売れるのか、どんな菓子が消費者にうけるのかといったことも分かるようになっていった。

１年がたち「モントロー」もすっかり有名になった頃、26歳になった私は、東京国立で製菓学校の同級生が立ち上げた「菓子の木」という店のチーフとなった。

彼は製菓学校に入学したばかりのころから妙に私に近寄ってきて、すぐに仲良くなった。見た目は太ったさえない田舎の兄ちゃんといった風貌なのだが実はかなりの金持ちの息子で、彼女（今のかみさん）と一緒によく食事をおごってもらったりしていた。

そんな恩義もあって、１年間だけという約束で、彼の店のオープニングを手伝ったのだが、当時は思いついたことが次々とヒットして、この店もすぐに有名になった。

自分の店をもつ

翌１９７７年、27歳で静岡県伊東市の郊外に自分の店を持った。「菓子の木」２号店の開店だった。

店は伊東市の町のはずれにあって商業的には決して良い場所とは言えなかった。市の商工会のアドバイザーは、「菓子は小さいし、値段は高い。商圏も時代のニーズも考えないようなあんな気取った店、すぐに潰れるだろう」と否定的な評価をしていたそうだ。

ところが、大方の予想に反して、店はとんでもなく繁盛した。新製品を出せばすぐに大ヒットで、人気女性誌のフランス菓子特集にも何度も掲載された。

こうなってくると私の自信はどんどん過剰となり、「センス、手腕、どれをとってもすごい！　俺は天才だ！」と、まさに天狗になっていったのだった。

勢いに乗った私は、1979年に2店舗目を出すことになった。

店の予定地は駅前で人通りが多く、近くに大きなスーパーもあって、誰もが良い場所だと褒めてくれた。銀行も「ぜひうちを使ってください」と支店長自ら店に来て挨拶をしていく。

すっかり優秀なプランナー気取りになって、凝りに凝って大金をかけて作った新しい店。「これで菓子の木は不動の店になるだろう」と確信していたし、周りの人たちもそう思っていたようだ。

ところが思惑は大外れ、開店した「菓子の木」３号店にはお客様がほとんど来なかった。毎日いつ行ってもお客様が来ている気配はなく、まさに閑古鳥が鳴いているという状態だった。

それでも、なんとか5年は営業したが、一向に店の売上は上がらない。いよいよ経営が危なくなって「何とかしなくては」と思うのだが、そういう時にかぎって何の案も浮かばないのだ。

その年の年末、仕事を終えて家に帰り、かみさんに「今年はどのくらいの赤字だった？」と尋ねた。すると、「そうねえ。今年は３００万円ぐらいかなあ」と呑気な返事が返ってくる。

和ダンスの引き出しを音がしないように開けて、そこに入っている生命保険の証書を確認する。死亡した時の保険金が３０００万円、今ある借金が約３０００万円。

「死ねば片がつくか」。

家族が寝静まった頃を見計らって、忍び足で玄関から外に出た。師走の風が冷たく吹いていていて、その寒さに凍えているかのように、電線がピュウピュウ泣いている。月は半月で、駐車場の砂利の石が白っぽく浮き上がるように光っている。

愛車のカローラ・バンのバックドアを静かに開け、車のルームランプを頼りにウインド・サーフィンで使っている細めのロープを探して手に持った。

駐車場の砂利が音をたてないようにゆっくりと、家の隣のミカン畑に向かった。畑にはナラの木が一本あって、２メートルぐらいの高さに横枝が出ていた。その横枝にロープの片方を投げ、輪を作った。

小刻みに震える手で、その輪を首まで引き寄せる。

不思議なことに、手は震えてはいたけれど恐れは何もなく、すんなりことを運べそうだった。首まで持っていった手を輪からはずし、あとは段差のある方向に勢いよく足で蹴ってしまえばお終いだ。

淡々と膝を曲げ、勢いよく足で蹴ろうとした……その時、ふと思った。

「俺の命って、３０００万円なのか？」

「本当に、たったの３０００万円なのか？」

大慌てで首にかけた輪を外し、大きく息を吸った。

そんなわけがないじゃないか……。

もう一度、年が明けたら銀行に当たってみようと決めた。

救世主は無礼な男

年が明け、仕事始めで開いたばかりの銀行を回った。新店舗の開店前に挨拶に来てくれた銀行に行き、窓口の女性に「支店長にお会いしたい」と告げると、奥に行って、5分もしないうちに戻ってきて「無理ですね」と一言。

ある銀行では、あんなに頭を下げてお願いにきていた銀行の支店長が、出てこないどころか、目を合わせようともしない。

何軒回っても同じような状態だった。

やっぱり駄目か……。

車に乗ったのはいいが、行くあてもない。

気づいたら、通ったことのない道を走っていた。

その時、目に入った看板があった。

「みんなの農協　住宅ローン応援します！」

「農協か……。ダメもとで寄ってみるか」。

ドキドキしながら入って行くと、貸付窓口と書いた札の向こうに、ちょっとあばた顔のメガネをかけた細身の男が、ポケットに手を入れて立っていた。男は私の顔を見ると
「何？」とぶっきらぼうに言った。

「何とはなんだ！　俺はこれでもお客だぞ！　それに、ポケットに手を突っこんだまま話すな」と心の中で思いながらも、なんとか心を落ち着けて椅子に座った。

「実は……」。今の店の状況、これからもっと勝負したいことなどを話す。

すると男は「あんたさあ、どこに行ってもそんな話をしてるの？　銀行ってさ、弱い相手は鼻もひっかけないよ。でも、あんたの話は面白いね」。

「俺はお客だぞ！「あんた」なんて呼ばれる筋合いはない！」とまた思う。

しかし、男はこちらの思いなどおかまいなしの様子で、「面白いけど、そんな感じじゃあ、事業計画、返済計画なんて書くのは無理だら」と伊豆弁丸出しで続けてきた。

あまりにもムッとした私は、「じゃああんたが、その何とかっていう書類を書いたら、お金を借りることができるっていうのか？」とまるでケンカでも売るように言い返すと、男はひょうひょうと答えた。

「そりゃあ貸付だから、上に出してみないと分からんけど、やってみようか」。


農協の無礼な男が立ててくれた計画はこうだった。

赤字の店は閉めて、別の場所に売店だけの小さな店を出す。最初の店も閉めて、伊豆高原に土地を購入して自宅と店をつくる。

借金は増えるが、勝負だと思った。


まず、立地条件はあまり良くなかったが、小さな店をつくることはできた。

ただ、土地は購入できたが、家を建てるほどは借り入れができなかった。「営業しない土地なんていらない」と思ったが、かみさんがどうしても土地だけは買おうと強く言うので購入することにした。

ピンチがチャンスになった。

あの農協の無礼な男、西島さんがいなければ、先はなかった。

小さな店は、場所が悪い割にはなぜか繁盛した。

その上、バブルの最盛期になって、買った土地の値段が３倍近くになったのだ。その土地を担保にして翌年の１９８８年、現在の伊豆高原に住宅と店を兼ねた建物を建てた。４店舗目の「菓子の木」だ。

自然の中で全力で遊ぶ

私は山や川や海、自然の中にいること、自然の中で遊ぶことが大好きだ。

さらに私は、遊びはいつでも「はしり」をやりたい人間のようだ。「はしり」というのは、まだ誰も知らない、見たこともないような時に始めることだ。目立ちたがりの性格がなせる技なのか、それとも優れた先見の明があるのか？　どちらかは分からないが、私が夢中になったことはどれも後に大流行した。

中学生の頃、親父が見よう見まねで作ってくれたサーフボードでサーフィンを始めた。ひ弱な私だったが、波に乗ることはとても楽しかった。

今では日本中どこの海にでもいるサーファーだが、当時の私はおそらく、日本最初のサーファーだった。

周りからは「ハワイじゃあるまいし、そんな遊び、面白いのか？」とよく言われたが、「だってかっこいいし、面白いもの」と心の中で思っていた。


自衛隊に入隊して広島の江田島にいる時に、スキューバが趣味となった。

当時はレジャーとして潜水をやる者などおらず、海でボンベを持っていると密猟者と思われたものだ。

３年間の満期除隊後もスキューバは続けていて、年間、ボンベ数で60本以上潜り、日本では北海道を除く、日本の海岸沿いは、ほとんど潜った。素潜りでも15メートル位の深さまでは潜れるようになって、すっかり得意になっていた。


ある時、友人が来ていたので潜る姿を見せてやろうと思った。

風邪気味で鼻が詰まっていたが大したことはないだろうと思い、いつものようにボンベを背中に背負って、いざ海に潜った。すると、鼻の奥でグシュッという何とも言えない音がして、目の前が真っ赤になった。鼻からの出血だった。

サイナススクイーズという障害で、前頭洞《ぜんとうどう》（眉のあたりの骨の中にある空洞）に空気が入らなくなってしまい、水圧で潰れてしまったのだ。風邪気味で鼻の通りが悪くなっているのに、体調も考えずに無理をした。完全な過信だった。

以後、あちこちの医者や大学病院にも行ったが、前頭洞が完全に回復することはなく、深く潜ることはできなくなってしまった。

落ち込んで、しばらくの間は、海に近づくこともしなかった。

しばらくして久しぶりに海岸に行った時、サーフボードでもなくヨットでもない不思議な乗り物を見つけた。ウインド・サーフィンだ。

ハワイから誰かが5本ほど購入してきたもので乗り方もわからないという。ヨットに乗りたくても買えない人のための安価な乗り物なのだそうだが、とにかく扱いが難しい。しかし、その扱いにくさが気に入って、また暇さえあれば海に行くようになった。

ウインド・サーフィンは40歳の時、道具を大破させてしまったことをきっかけに見切りをつけるまで11年間ほど続けることになった。

空を飛ぶ遊びに出会ったのは、24歳の時だった。

ハンググライダーの講習を3日間受けたのだが、たんに飛べたという程度で、夢中になるということはなかった。

ところが、ひょんなことから知り合いになった鈴木さんが、ヨーロッパから入ってきたパラグライダーというものを教えてくれた。

「はしり」の予感がした。

その頃のパラグライダーは、山に登った時に歩いて降りるのは面倒だからと、楽に飛んで降りてこられるように作られた四角いパラシュートだ。大きさはデイバッグぐらいで、山すれすれにしか飛ばない。

早速私は、鈴木さんにパラグライダーを教わることにした。

山すれすれにしか飛ばないはずが、あっという間に10メートルほど上がってしまい、見事に木に引っかかって宙ぶらりんになるという面白いパラグライダーデビューを果たし、その後も空を飛び続けた。

もちろん、「はしり」の予感は的中し、パラグライダーも大流行した。

ただ、「はしり」が好きな私だが、決して飽きっぽいわけではない。

実はどんなことでも、馬鹿みたいにコツコツ長くやり続けるタイプなのだ。

だいたい菓子職人などという職業は、一日10時間以上、測ったり混ぜたり焼いたりと、同じ作業をひたすらコツコツ続けるものだ。

イヤになるほどコツコツ続け、いつでもやり切ったという感覚があるから、どんなことにおいても悔いが残るということがない。

そのようなわけで、海へ空へと、遊びには全力で取り組んでいる。

働き過ぎと遊び過ぎの代償

働き過ぎと遊び過ぎの代償を払うことになったのは突然のことだった。

37歳の12月、年末は菓子屋にとっては一番忙しい月だ。お歳暮から始まり、クリスマス、年末年始のお使い物と、休む暇はまったくない。

それでも時間が少しでもあれば、夜はテニスに出かけ、その帰りにはちょっとだけと言いつつ仲間と飲み歩いた。時間が遅くなると、家には帰らずに店に泊まった。

遊ぶ時間ほしさに、眠る時間も食べる時間も削れるかぎり削った。1分間でラーメンを食べ終われることを自慢していたのだから、まったく困ったものだ。

大事件は、暮れも押し迫った26日、クリスマスが終わってほっとした日に起こった。

午後から何となく身体の調子がいまひとつで、身体がもぞもぞする。昼過ぎにトイレに行った時にトイレットペーパーに血が少し付いた。

この夜はウインド・サーフィンの仲間の忘年会があった。いつもなら明け方まで飲み歩く自分が、その日に限ってどうしようもない違和感があり、忘年会が始まって1時間もしないうちに中座して家に帰ることにした。

車に乗ってしばらくすると、お腹が急に痛くなる。家までもたないと思い、途中にある自分の店に寄ることにした。大慌てで店のシャッターを開け、トイレに駆け込む。

子供のころの薬害のせいか、もともと私は腸が弱く、少しでも変なものを食べるとすぐに下痢をしてしまう。それなのに、異常とも思えるほどの早食いだった。

店のトイレでさっぱりして落ち着き、便器を見て血の気が引いた。真っ赤だったのだ。

「どうして?」と思う間もなく、またお腹が痛くなってきた。もう一度座ると、今度はドバーッと真っ赤な血が出た。

これはまずい……。後頭部に寒気が走り、身体がブルッとした。

トイレのドアを開けて、ちょっと腰を伸ばしたところに電話機があったので、震える手で受話器をとり、消防隊員をしている友達に電話をかけた。

「もしもし、杉本だけど。お尻からとんでもない量の血が出ていて、止まる気配がないんだ」と伝えると、彼は一瞬思案してからこう言った。

「それは救急車に乗ったら危ないな。救急車は一回、夜間救急病院に行くことが決まりになってるから、間に合わなければ命が危ない。受け入れてくれる病院を探すから、誰か連れていってくれる人を探しておいて」。

彼のこの判断がなければ、今頃私はこの世にはいないだろう。

電話を切ってすぐにウインド・サーフィン仲間の太田君に電話をかける。ことの次第を伝えると、すぐに行くと言ってくれた。

それから家に電話をかける。眠そうにしているかみさんに、鼻から息を吸い込み冷静さを装って、「落ち着いて聞いてくれ。今、お尻から血が出て、止まらない。消防隊員の友達に連絡して病院を手配してもらっている。病院が分かったら、また連絡するから」とだけ伝えた。

家への電話を切った瞬間に電話のベルが鳴った。

「長岡の順天堂病院に行って！　話は通してあるから」。

その間も出血は続いている。太田君はコンクリートミキサー車の運転手で、普段はゆっくりとした運転をするのだが、この時は「こんな速さで車を走らせることができるんだ」と感心するほどの運転をしてくれた。

深夜の病院だったが、看護師さんに血が止まらない旨を伝え、すぐに診てもらえることになった。診察室に入ると、若い医師が前の人のカルテを書きながら、「どうしました？」とのんびり聞いてきた。

「お尻から血が出て止まらないんです。先生、トイレに行ってもいいですか？」また出血していて、トイレに行きたかったのだ。

「どうぞ行ってきてください」という医師の言葉に、ふらつく身体だがさっと立って、部屋を出ようとドアノブに手をかけた……、次の瞬間、私は集中治療室の冷たく細い小さなベッドの上に横たわっていた。胸にはいろいろな線が繋がれペタペタと貼ってあって、周りで精密機械が忙しそうに音を立てながら動いている。

当直していた若い医師に、上司にあたると思われるドクターが「なんでもっと早く呼ばなかったんだ！」と声を荒げている。

どうやら診察室を出ようとした時、そのまま崩れ落ちるように倒れたらしい。出血はなかなか止まらず、出血した血が腹部にある程度溜まるとドバーッとお尻から出てくる。ドバーッとくるたびに失神する。ドクターが「オイオイ！　この人の家族は呼んでいるのか？　逝っちゃうぞ！」と怒鳴っているのが聴こえた。

目を開けて周りを見渡していると、ドクターが気づいてくれた。

「おっ、気がついたか」
「先生、どうなっているんですか？」
「そうだなあ。考えられるのは痔による大出血か、最悪の場合は直腸がんの出血か。今のところ分からないが、ともかく今は出血を止めることが先決だね」。

そうか、直腸がんかもしれないのか。
目を閉じて、どうなるんだろうと考えるうちに、また出血して気を失った。

初めての幽体離脱

長い時間が経ったのか、それとも一瞬だったのか、夢を見ているのか現実なのかも分からない。心地良い眠りから覚めたような感じがして目が覚めた。

頭の中はスースーして身体はフワフワして、とても気持ちがいい。向こうにベッドが見え、医師や看護師さんたちが取り囲んでいる。ベッドに横たわっている人の処置をしているようだが、事故にでも遭った人なのか、どこかで見たことがあるような身体つき、腕、足……誰だろう？

ハッとした。見えているのは私の身体だった。他人事のように自分の身体を見ている自分がいた。理解できない複雑な気持ちだった。

その時、ドクターが「輸血！　輸血の準備！」と言った。

輸血はいやだと思った瞬間、私の意識は身体に戻っていた。戻った身体はとてつもなく重く、呼吸は苦しく、寒気を感じ吐き気もあって、とにかく不快だった。

喉を絞るように「オーイ」と声を出す。気づいたドクターが顔を近づけてきたので「輸血を止めてくれ」と伝えた。

「宗教の問題か?」と言うので「エイズが怖いじゃん」と応えると、ドクターはニヤリと笑って「面白い奴だな。しょうがない。輸血は止め！　点滴でいくぞ」と言うと、両腕に点滴の針を刺した。

その直後、身体中に虫が這っているようにムズムズし、呼吸が苦しくなって、私はベッドがきしむくらいにのたうち回った。その様子を見たドクターは、再び顔を近づけてきて「さすがのお前もきつそうだな。すぐに楽にしてやるよ」と、私の腕に注射を打った。おそらく麻酔だったのだろう、目の前に見えるものがセピア色に変わり、やがてそれも見えなくなって私はまた気を失ってしまった。

次に目が覚めた時、ゆっくりと見渡すと周りには何台ものベッドがあって、重症の人たちが横たわっているようだった。

看護師さんに「すみません。今何時ですか？」と声をかける。

「気がつきましたか？　今は31日の午前9時です。ご家族に意識が戻ったことをお伝えしますね」と、優しく言ってくれた。

よかった、まだ生きている……。31日ということは３日間、意識不明で寝ていたことになる。

年明けを病院で迎えるのは、生まれて初めてだった。

正月の病院は医師、看護師さんが正月休みのために検査や診察、治療等ができない。外泊許可の下りた人たちは自宅で正月を迎えることもあり、病院内に残っているのはかなり重症の人か、この期間に交通事故などの緊急で入院してきた人たちだけで、院内は比較的静かだった。

数日たつとかなり回復して、出血も止まり、顔色も戻った。スタンドにかけた点滴を引きながら自分でトイレに行くこともできたが、運が悪いことに年明け8日までは詳しい検査ができないということで、それまでは何も食べられず点滴だけで過ごした。

点滴は不思議だ。黄色の液体を身体に注入しているだけで、喉も乾かない、気分的に乾いても実際、喉は潤っている。お腹も空くが、我慢できる。

ただ、食べることもなく、点滴に繋がれているのであまり動くこともない。何もすることがなく、とにかく暇だった。

なんとか気を紛らわせようと、ウォークマンを持ってきてもらい、当時ヒットしていたトップガンのテーマを聞いていたら、なんだか気分が高揚してきて、ここはひとつ、早く社会復帰ができるように身体をちょっと鍛えることにしようと考えた。

足をベッドにかけ、腕立て伏せを始めた。40回を超えたところで「回診です」と看護師さんの声がしたので、慌ててベッドにもぐり込み、寝ているふりをした。

「杉本さん、回診ですよ」と声をかけられたので毛布から顔を出す。

するとドクターが「ちょっと杉本さん！　何してたんですか？」と聞いてくる。「何もしていません」と答えると、ドクターは「じゃあ、これは何ですか？」と点滴のビニール袋を手に取って振った。なんと、黄色い点滴液が真っ赤になっていた。点滴をしたまま腕立て伏せをしたので、血液が逆流して点滴のビニール袋まで上がってしまったのだった。

しかし、この時のドクターはなかなか粋な男で、怒る様子もなく「検査が終わるまでは、なるべく静かにしていてくださいね」と言うだけで済ませてくれた。

ただ、入院中のエピソードは、こんな勇ましい話ばかりではない。大量出血の夜、ドクターが口にした「直腸がんからの出血も考えられる」という言葉が引っかかっていた。その時は腹をくくり、「なるようになるさ」と思えたが、回復してくると生への執心が大きく膨らみ、がんで死ぬかもしれないと考えると、夜も眠れなくなってしまった。ましてや病院ではすることもなく、ただ寝ているだけなのだから、考える時間はたっぷりとある。その時間をすべて死について考えることに費やす訳だから、胸をかきむしられる思いだ。

検査が始まる8日までの間は、ほとんど眠れない夜が続いた。昼間は見舞客が多くて陽気にふるまっていたが、その陽気にふるまうこと自体が相当に辛い。しかも、夜はその反動でどうしようもない悲しみが襲ってくるのだ。

この時の経験から、重症な人の見舞いには行かないように心がけている。

入院は14日間だった。結局、原因は分からずじまいで、大腸炎の出血と診断された。

妙なことを言う易者

経営が苦しかった時、実は私生活でも色々あった。かみさんが子供を連れて出て行ってしまったのだ。

「人生に対して求めるものが違う。店を大きくすることだけを考えて、家庭を築くことに意識がない」というのが理由だった。

たしかに私は、亭主は稼ぎさえ良ければいいと考えていた。仕事と遊びのことしか頭になかった私は、「一生懸命に仕事をしてしっかり稼いでいれば、遊んでいてもいいじゃないか！」と周りにも豪語していた。

親父に保証人にはなってもらったが、自分で借金して、１日15時間以上働いて２年で全額返済したし、店もさらに大きくしようと努力していた。

人にとやかく言われるようなことは何ひとつないと思っていた。しかし、自分の力ではどうしようもない現状が目の前にあった。

今まではどんなことでも、自分が努力することで切り抜けられた。でも、人の気持ちや価値観は、たとえ家族と言えども変えることなどできないものなのだ。

かみさんと子供が出て行ってしまった家で一人で暮らしていると、高校時代の友達が訪ねてきて「さすがのお前も困っているみたいだな。易者を紹介するから話を聞いてみたらどうだ？」と言う。

易者なら一度見てもらったことがある。自衛隊を退職して、人が変わったように暴れていた時、心配した両親のすすめで訪ねたのだ。

易者の先生は四柱推命が専門で、「ほほう、五黄の寅だ。波乱万丈だね。うーむ、こりゃあ大器晩成だ。真価が出るのは60歳を過ぎてからだね」と言った。

21歳の私に40年も先の60歳を過ぎてから真価が出るなんて、気が遠くなる話だ。でも、良くなるというんだから、まあいいかと思った。あの時以来２回目だ。


今回の易者は東京大森の方位学の先生だった。

「今は大殺界の時期に当たっているね。なるほど、君は非常に運がいいから、良い時期は普通の人より順風満帆にことが動いていたんだよ。しかし、逆に悪い時期は、普通の人なら「八方塞がり」と言うが君の場合、倍の「十六方塞がり」になるというわけだ。「今回の大殺界は６年でありがたい」と思いなさい。もうすでに３年が経っているから、あと３年だね」。


「あと３年はどうすればいいんですか？」

「十六方塞がりと言っただろう。前に進めば災難に遭う。進まなければ沈んでいく。前にも行けず、後にも引けず、上にも下にも逃げ場がない」。

「だったら、いったいどうすれば……？」

「じっと耐えるしかないね。そうだな、写経でもするといい」。

「そんな、耐えるだけなんて！」

先生は優しく言った。

「君は、運命は自分で切り開いていくものだと思っているんじゃないかい？」

私は心の中では大声で「そうに決まってるじゃないか！　俺はずっと人より努力して、自分で自分の運命を切り開いてきたんだ！」と叫びながら、実際には小さな声で「切り開くために努力しています」と答えた。

「では、努力することさえも運命で決まっていたとしたら？」

背筋に電気のような、熱い衝撃が走った。

そうなのかもしれない……。なんだかだまされたような気もしたが、引越しした時期や方向、状況などが嘘のように当たっていたこともあり、認めるしかなかった。

それからというもの、私は「自分の力ではどうにもできないことは、ぐっとこらえて受け入れなければならないんだ」と自分に言い聞かせながら過ごすようになった。

家族のいない一人きりの夜は、暗闇の中でローソクを灯して火を見つめ、朝は早くに起きて写経をした。

定休日の度に会いに行ったかいがあったのか、私が変われたのか、それともかみさんが諦めたのか、3カ月近くが過ぎたある日、かみさんが「戻ることにした」と言って子供を連れて帰ってきてくれた。

おかげで家族は元通りになったが、大殺界の間は本当に酷かった。何をしても店の売上は上がらず、自動車事故は2回も起こす。友人に車を貸せば事故に巻き込まれる。絶えず人との揉めごとがあり、動けば誤解され、諦めてじっとしていたら非難される。
そして、ちょうどその大殺界が終わった時に、農協がお金を貸してくれたのだ。

大殺界の3年間の経験で、人の運命というものは、何か大きな力で動かされているということ、自分の力ではどうにもならない時期や物事があることを思い知らされた。

それ以後、何かを決める時には必ず易者の先生に聞くようになった。これまでずっと、自分のことは自分で決めてきたのに、こんなことでいいのだろうかと考えることもあるが、よく考えてみると、自分の運命の流れを知って行動したほうが、楽に動けるということが次第に分かるようになった。

何よりも一番変わったと思うのは、私自身の生き方だ。

この大殺界を経験するまでは、仕事についてはすべてのことが自分の思い描いたとおりに運び、関わった店はどこも大繁盛となった。しかし、その頃の私の偉そうな態度といったら実に酷いものだった。あの頃の自分自身を振り返ると、今でも胸がドキドキし、顔から火が出そうな気持ちになる。

大殺界を経て、店も何とか持ちこたえられる状態になったが、それは自分だけの力では決してない。それが身に沁みて分かるようになったことで、周りの人々への感謝の思いや言葉が自然に出てくるようになった。

さて、農協からお金を借りられることになり、伊豆高原に住宅と店を兼ねた建物を建てようと思った時にも、私はいつもの易者の先生に見てもらいに出かけた。

すると、先生が妙なことを言った。

「なるほど、君はやっぱり運がいいな。生かさず殺さずのいい土地だ」。

「えっ？　生かさず殺さず？」

「腰掛けとすれば、とても良い動きだな。この場所でいいでしょう」。

「いいでしょう」と言われたものの、これから家と店を建てるというのに「生かさず殺さず」「腰掛け」などという、お世辞にもイメージの良いとは言えない言葉を並べられて、嬉しいような、嬉しくないような複雑な気持ちを感じながら、伊豆へ帰った。

やがて、この言葉の真意は明らかになっていくのだが、この時の私には分かるはずもない。

さて、これからどんな人生が待ち受けているのだろうか？

第3章

訪れた転機

恐ろしい痛みとともに得た教訓

小さい頃から、空を飛ぶ夢をよく見た。

皆の頭上を、羽ばたきながら飛ぶ夢だ。


42歳、5月のある休日の朝、かみさんとのつまらない口喧嘩でその日は始まった。

そのつまらない喧嘩を払いのけようと、パラグライダーを肩に担ぎ、車に乗って、装備をチェック、すると無線機を忘れていることに気づいて、渋々家に取りに戻った。


玄関を開けると、そこにかみさんが立っていて、目が合った。

珍しく「ねえ、今日は一緒にどこかに行かない?」と誘われたが、心の中で「ふざけるなよ」と思いながら断って車に戻り、さあ出かけようと車のエンジンをかけると、今度はガソリンがないことに気づく。

イライラしながらガソリンスタンドで給油を済ませて、再度装備をチェックする。足元を見ると、フライト用の靴がない。「いったいどうなってるんだ！」と思いながら、また家に戻る。

かみさんが「本当に行かないの？」と言うので、「しつこい！」と言い放ち、靴を持って階段を大きな音をたてながら降りて車に向かい、必要以上に強く車のドアを閉めた。自分でもびっくりするほど大きな音が、「バーンッ」と鳴った。

「まったく、今日はすべり出しが悪いなあ」。

家を出る時間が遅くなってしまったので、当初行こうと思っていた山を諦め、家の近くの大室山《おおむろやま》に行くことにした。

大室山のリフト乗り場の駐車場に車をとめて、グライダーを担ぎ、リフト売り場の窓口に向かう。お金を払おうとして、財布を忘れたことに気がついた。

「今日はなんでこんな日なんだ。こんなことになったのは、かみさんのせいだ」と思いながら車まで戻ったのだが、財布はない。ダメもとでダッシュボードを探してみると、500円玉が出てきたので、悪い流れを変えようと思い「ラッキー！」とわざと大きな声をあげた。

リフトで頂上に向かって上がっていく時も、心の中で「楽しくなってきたぞ、楽しいぞ」と自分に言い聞かせた。

頂上に着き、風を確認しつつ足早に飛び立つ場所（テイクオフ）に向かう。南の斜面の上空ではもうすでに2人が飛んでいて、風の状態は良さそうだった。

テイクオフである山頂の周りには、飛んでいるパラグライダーを見学する観光客が多く集まっている。その人たちの間を割って、南の斜面にグライダーを広げ、さていよいよ飛び立とうとしたところで見物客の一人が声をかけてきた。

「これ、前に飛んで行った人の忘れ物じゃないですか？」

見るとパラグライダーのパーツで、アクセレーターという40センチほどのアルミの棒だった。

口の中で小さく「チッ」と舌を鳴らしながら、口では「ありがとうございます」と言って、それを受け取り、どうしようかと考えた。

普通なら、必ず背中のバッグに入れるのだが、イライラした気持ちが抜けていなかったこともあり、横着してパラグライダーの一部にくくりつけて飛び出した。

ちょっとバランスを崩しながらヨタヨタとテイクオフ。なんとか空に浮かび、しばらくしたところで、グライダーがズッと止まった。

見ると、さっきくくりつけたアクセレーターの棒が絡まっていた。「しまった！」と思った瞬間、グライダーは力なくしぼみ、揚力を失ってヒューウと頼りない音をたてながら落下していく。

15メートルほどの高度から、地面に叩きつけられる寸前までは見えていたが、次の瞬間、気を失った。

気がつくと横たわっていて、足を見ると靴底が見える。靴が脱げたのかなと思ったが……中身はちゃんと入っていた。かなり酷い足首の骨折だった。

仲間たちの助けを借りながら、なんとかリフトに乗って山を下り始めた時、救急車のサイレンが聞こえてきた。結局、4カ月半の入院生活をする羽目になった。


なぜこんなことになってしまったのか？

思い返してみると、事故を起こすまでの間に何度も何度も警告が出ていたのに、私自身がストップをかけられているということに気づかなかっただけなのだ。


滅多にかみさんと喧嘩にはならない。

滅多にかみさんは遊びに誘ったりしない。

無線機はいつもフライトバッグの中に入れていて、これまで一度も忘れたことなどなかったのに、その日にかぎって入っていなかった。

飛ぶのを止めるよう、繰り返しサインが出ているのに気づけなかった。

災難に遭う前には必ず、虫の知らせや嫌な予感というものがあるのだ。それに気づかずに、つい自分の欲、他の条件に合わせてしまうのが人間なのだが、その結果がこのとおりだ。


恐ろしい痛みとともに、良い教訓を得た。

かみさん（神さん）の言うことは、素直に聞くものだ。


退院の時、医師からは二度とかかとをつくことはできないと言われた。

なんとかならないかと、夜になるとゴリゴリと足を曲げてみると、ものすごい痛みが走り、紫色に腫れあがってしまった。

翌日、試しに風呂の中で足を曲げてみると、そこまで痛くないし、昨日より深く曲げられる。それから1カ月半ほど湯船で足を動かし続けると、かかとがつけられるようになった。

山岳信仰の本当の意味

縁あって住むことになった我が家は、海が見渡せる最高の立地にある。

初めてこの土地を見た時に、不思議なほど陽の光があたって、キラキラと光っていた。後に分かったのだが、この場所は日本列島の真ん中を走るフォッサマグナの入口で、巨大なエネルギーの通り道だったのだ。

世界中のどんな聖地に行くよりも我が家が良いという感覚で、訪れた多くの人たちも同じように感じるそうだ。

そんな我が家の近くには、大室山（パラグライダーで落下した山だ）と矢筈山《やはずやま》という山があり、その延長上に有名な天城連山がある。石川さゆりの「天城越え」という歌があるが、実は「天城山」という山は存在しない。大室山、矢筈山、遠笠山《とおがさやま》、万二郎、万三郎、馬の背と連峰になっていて、これらの伊豆の屋根のような山々を総称して「天城」と呼んでいるのだ。

大室山には磐長姫《いわながひめ》が住んでいるという伝説がある。

天孫、瓊瓊杵尊《ににぎのみこと》が、美女、木花咲耶姫《このはなさくやひめ》に求婚した際、姫の父、大山津見神《おおやまつみのかみ》は大いに喜んだが、木花咲耶姫は美しいが身体が弱かったため、器量は悪いが身体が丈夫な姉、磐長姫とともに嫁がせた。

しかし、磐長姫は大室山に返され、木花咲耶姫だけがとどめられて、瓊瓊杵尊の妃となった。嘆き悲しむ磐長姫だったが、天城連山の万次郎、万三郎が姫を慰め、その後は皆で楽しく暮らしましたとさ、というものだ。

天気のいい日に大室山に登ると、頂上から遠くに富士山が見える。大室山から富士山のことを褒めると、磐長姫が怒って雨を降らすとも言われている。

私はその大室山が大好きで、伊豆の家にいるときは必ずと言っていいほど朝早くに登っていた。観光リフトの反対側にある、ご神木のある森を抜ける参道を通って、毎朝のように登っていたのだが、残念ながら近年は自然保護のため「歩行登山は禁止」となってしまっている。

参道はかなりきつい勾配の山道だ。そのきつい山道を朝暗いうちに登り、噴火口の中にある磐長姫を祀ってある浅間神社にお参りし、家に戻って朝食を摂るというのが日課だった。

40数年前に山の反対側にリフトができて、観光客はそのリフトに乗って登山するようになった。正式の参道は忘れ去られ、あまり人が通らなくなっていた。

そもそも参道というのは、成り行きで適当に決められるわけではない。本来、山岳信仰には龍の道というものがあり、それが参道ということになる。

ちなみに、ＴＢＳの「日本むかし話」というアニメ番組に、子供が龍の背中に乗って空を飛ぶ導入シーンがあったことを覚えている人も多いと思う。実はあのシーンには「龍の背のような道を通って登れ」という意味がある。分かっている人がつくったシーンなのだ。

聖なる山は、祀ってある所から見ると、参道となる龍の背の道筋がはっきりと見える。山岳信仰が息づいていた時代には、人は必ず尾根伝いの龍の道の参道を通って山に登っていたのだ。

なぜそうしなければならないのか。

まず、参道は長い期間風雨にさらされて、鉱石の部分が吐出され、まるで天然の磁気マットのようになっている。さらに、参道はきつい道が多く、その道を登ることで、深い呼吸や丹田と呼ばれる横隔膜を使った身体の動きをすることになるのだ。横隔膜を使って動いていくと、身体がだんだん覚醒してくる。身体をすっきり覚醒させて聖地まで行って、そこで感じるものをいただく。これが山岳信仰の本当の意味なのだ。

山岳信仰においては、参拝する時間帯もとても大切だ。

日本人は、日の出の数十分の時間をとても大切にしてきた。海から日が昇る、水平線上にうっすらと白い線がとおる時間を「かぎろひ」という。もう少し時間が経って、東の空に雲が見える時間を「東雲《しののめ》」、さらに日が昇る前で本が読めるぐらいの時間を「朝ぼらけ」と、それぞれ分けて呼ぶほどだ。

この地球のエネルギーには、夜行性のエネルギーと昼行性のエネルギーがある。この数十分間は森羅万象の中でそのエネルギーが入れ替わる、いわばリセットする時間なのだ。

昔の人たちはこのエネルギーを肌で感じとっていた。だから、修験者や武芸者などの鍛練はこの時間から始まる。

また、野菜などはこの時間に採った物と昼間に採った物では、エネルギーも味も全く別物だということを知っていたから、いまだに「朝どれ野菜」などといって朝露のついた野菜にこだわっているのだ。

ある時、そんな早朝の時間帯に友人とともに大室山の参道を登った。参道の鳥居をくぐり、砂利道をご神木に向かう。その砂利道を挟んで、右手の自然林の木々の葉の間から陽の光が差し込んで少しずつ明るくなりはじめた。左手は杉とヒノキの人工林で陽が差し込まないので暗い。まるで陰陽の形を見ているような風景の先にご神木は立っていた。

ご神木のあたりを圧するような威容は、まさに神の木と呼ぶにふさわしい。深い朝の静寂につつまれ、今にも神が降りてくるような感じがある。

ゆっくり見上げると、大きな枝がまるで私を迎え入れてくれるように広がっている。

さらに上を見上げたその瞬間、額からお腹に向かって強く激しい衝撃が走った。あまりの衝撃にガクッと来て、おもわず膝が地面につきそうなほどだった。何かが「ズドン」と私の中に入ってきたように感じた。

何が起きたのかは分からないが、何かが身体に入ってきた感じがしたのだ。

伊豆の観光がダメになる？

1995年のある休日、稲取の細野高原の三筋山《みすじやま》にパラグライダーに出かけた。三筋山は一面ススキ野原で、日本でも有数のフライトエリアだ。

その日は天気も良く、11月の秋晴れで空気も澄んでいて、とても気持ちが良かった。頂上の駐車場から見える景色は絶景で、ススキの草原がどこまでも続き、視界を遮るものはなにもない。その向こうに太平洋の相模灘の水平線が丸く見える。地球は丸いなあと感じることができるぐらいだ。その水平線に伊豆七島の島々が浮かんでいる。

後ろを見やると、天城連山である万二郎、万三郎、箒木山《ほうきやま》、遠笠山・馬の背の山々が雄大に見える。遠くには私の大好きな大室山や矢筈山も見える。

車を止めグライダーを担ぎ、「さあ行くか」と頂上までの階段を昇った。

良い風を待ちながら「それにしても、今日の天城連山はなんて美しいんだろう」と思っていると、突然、声が聴こえたような気がした。

「伊豆の観光がダメになる」。

「何だ？　俺は何を考えているんだ？」

背筋からお尻、お尻から太ももの後ろまで、立っていられないぐらいの鳥肌が立った。

それほど強烈な衝動が飛び込んできたのだ。

伊豆の観光って何だ？

そうだ、伊豆はこの大自然を使った心の癒しと、温泉を使った身体の治療で発展してきた地域じゃないか。それを今、この地域は何をやってるんだ。この地域に無いような物を使って、見せて、お金をむしりとっている。こんなことではダメだ！

およそ菓子屋の考えつくはずのない思いが、猛烈な怒りとともに次々と湧き出てきた。


次の日、朝3時に起きて店に出すケーキを作り、7時半に朝食を済ませると、私はなんと市役所の観光課に向かった。


生まれて初めて役所の窓口に立ってあたりを見回すと、私に気がつかないのか、それとも気がつかないふりをしているのか、誰一人目を合わせようとしない。

胸をかきむしられるような、こみ上げるような感覚があって、喉がひりつき頭がカーッとなった。

「オイッ！　お前らおかしいだろ？」

受付台の上にある様々な施設のチラシを手にして、「せっかく伊豆に来てくれている観光客から、よってたかってお金をむしりとろうとしている施設を役所が宣伝するなんて、おかしくねえか？」

水を打ったように静まり返る中、「何ですか？」と対応したのは、竹井観光課補佐だった。彼はその後、観光部長になる男だ。

「世の中の、身体も心も疲れ果てて迷っている人たちに、観光地は癒しを与えてあげなくちゃならないんだよ！」

竹井さんは、いきなり窓口に来て訳のわからない言葉を大声で発する私に、眼鏡越しに目をパチパチしながら腕組みをして、困ったように言った。

「あのね。イヤシイヤシって、あんたアヤシイよ」。

当時は、癒しやヒーリングなどという言葉を使うと、それだけで新興宗教と間違えられてしまうような時代だった。

今この人たちに向かっていくら言っても、分かるわけがない。経験もなければ、そんなところに意識を向けたこともないのだから。そう思うとドッと力が抜けて、「なんだ、分かんねえのかよ？」とだけ言い放つと、逃げるようにエレベーターに向かったのだった。

しかし、事実は小説より奇なりとはこのことで、この出来事をきっかけに、私は伊豆のまちづくりに深く関わっていくことになる。

観光カリスマに持ち上げられる

幼い頃からとにかく風呂が大好きで、出かけ先でもよく温泉に入る。一度入ると１～２時間は風呂場にいる。

気持ちよく風呂に入っていると、なんとなく身体のあちこちを動かしたくなるし、自分の身体を自然に触っている。風呂場にいると、自分の身体に自然に意識が向けられるのだ。

身体を触ったり押したりするうちに、痛いところが見つかることもある。そこをゆっくり深く押すと、わずか数分でその痛みがとれたり、それまで感じたことのない身体の反応に驚いたりする。

こうして私は、まさにこんこんと湧く温泉のごとく、次から次へと新しい技法を思いついていった。いや、思いつくというよりは、温泉に考えさせられ、教えられているという気がする。

そして、思いついた技法や、感じたことを人に体験してもらったり、教えたりすると、「身体が楽になった」「痛みがとれた」などといって喜ばれる。


市役所の観光課で啖呵《たんか》を切ったことがきっかけとなって、私は観光課に出入りするようになり、そのうち企画会議にまで出席するようになっていた。

ある日の企画会議で、２０００年のミレニアムに向けて、伊豆全域で「新世紀創造祭」というイベントが立ち上がることになり、国、県、市町村の補助金が計60億円出るという話が出た。そこで、当時作っていた「21世紀の湯治」というパンフレットを見せると、観光課長補佐の田畑さんが「すごいじゃないか！　県にこの企画を出してみよう」と言ってくれた。

早速、田畑さんと一緒に静岡県の観光課に行くと、「これは県ではなくて厚生省ですね」と言われる。

こうしてどんどん話が大きくなっていき、民間人の菓子屋が考えた企画が、なぜか厚生省の事業ということになってしまったのだった。

日本には全国各地に多くの温泉があり、それぞれの土地柄に合った身体を癒す文化が脈々と受け継がれてきた。

冬には農繁期に酷使した身体をケアするために、また具合が悪いときにはその症状の緩和のために、温泉湯治に出かけるのは日本人にとって当たり前のことだったのだ。

温泉はその成分がすばらしいということもあるが、心や身体が癒される最も大きな要因は、母なる地球の大地から湧き出ているということだと思う。

水は、さまざまなエネルギーをバイブレーションによって記憶するという性質を持っている。湧き出てくる温泉水には、地球のバイブレーションが混じりっけなしに記憶されているのだ。温泉に入ると感じるなんとも言えない安心感、開放感は、地球の純粋なエネルギーに包まれることで生まれるのだろう。

伊豆には良い温泉がいくつもあるが、その中でも屈指の泉質を誇る船原館の主人、鈴木基文さんと一緒に企画を進めていった。私たちは、湯治という古来の文化を「TO－JI」という新しい文化として発信しようと考えた。

この流れは２００２年には全国的な展開となり、私はいつのまにか運輸省の観光カリスマに持ち上げられていた。私は湯治を新しい文化として見直そうと、精力的に発信を続けた。

日本人は「知っている」

今の日本人は、とかく西欧諸国に答えを求めがちなところがあるように思う。

「癒し」という言葉が市民権を得て精神世界が流行しはじめると、海外の横文字のセラピーが巷にあふれるようになり、セラピスト、ヒーリング、ヒーラーなどの言葉も、いっきに使われるようになっていった。

伊豆はもともと、スピリチュアルな活動がさかんなところだった。

そのせいか、私はまだそれらが黎明期だった頃に、ヒプノセラピーやオーラヒーリング、アロマセラピー、リフレクソロジーなどの様々な癒しの手法を学んだ。

ただし、どれも自ら意欲を持って参加したのではなく、人が集まらないからといった理由でかり出されることがほとんどだった。お金はなかったが、かみさんはいつも笑顔で送り出してくれた。

一方で私は、日本人がもともと大切にしてきた奥深い文化にも強い関心があった。

たとえば、アロマセラピーを習ったことをきっかけに、日本の香りの文化「香道」を知った。

いくつかの香りを楽しんでそれがなんの香りなのかを当てる「聞香《もんこう》」というものがあ

るのだが、私は毎回、すべてのお香を当てることができた。香りそのもので判断するのではなく、脳の反応する場所によって「このお香は波風だな」と分かるのだ。だからお香は「嗅ぐ」のではなく「聞く」というのだろう。嗅覚がしっかりと覚醒してはじめて、お香を聞くことができるようになる。

そんな中、2000年に行われた「世界温泉博」の会場で、ドイツ人のシャフナーさんや通訳のカトリンさんと親しくなった。その後、私は彼らに招待されて、西欧の温泉療法の視察旅行に出かけることとなった。

この視察旅行での体験はすばらしく、私は大きな刺激を受けた。そして、あらためて感じたのは、日本と西欧の温泉療法の決定的な違いだった。

西欧の温泉療法は、充実した施設とセラピストの優れたサービスで成り立っている。しかし、日本のそれは、基本的に人にしてもらうものではない。湯治という自己治療なのだ。これは世界に類を見ない、日本独自の誇るべき文化だということを、私は再確認した。

団塊の世代がどんどん高齢化している今、すでに医療費の負担はとんでもないことになっている。

しかし実は、この大きな問題の解決法を、日本人はすでに「知っている」。

誰かに何かに癒してもらう、治してもらうのではなく、自分の身体は自分で癒し、治していくものなのだ。

私は様々なことを学ぶうちに、多くの人が魂と身体の正しい関係を知り、魂の浄化のためにも、まずは自分の身体を最大限に活かせるようにならなければと強く思うようになっていった。

そして、その実現のために後述する「天城流湯治法」を編み出していくことになるのだ。

マクロビオティックとの出会い

私の人生は、何か分からない大きな力が働いているかのように物事が進んでいくことが多い。たとえば、突然の一本の電話で人生が大きく変わってしまうというようなことがよくあるのだ。

マクロビオティックとの出会いもそうだった。

ある時知人から電話があり「錬堂さんの家に近い場所で、食事療法のセミナーをするんですが、錬堂さんにぴったりだと思うのでパンフレットを送りますね」と言われた。

送られてきたパンフレットには「3泊4日のマクロビオティックによる食事理論、講師は久司道夫《くしみちお》先生、ボストン在住」とある。なんだかまったく分からないうえに、費用を見ると17万5千円！　即座に無理だと判断した。

ところが、セミナー開催の一週間ほど前になってかみさんが声をかけてきた。「さっき仏壇を掃除していたら、農協の保険の証書が出てきてね。満期になっていて20万円もらえるらしいの」。

私は「それは良かった。溜まっている支払いに回せるじゃん」と答えた。この頃の我が家は、借金の返済で月々の支払いがきつく、かなり苦しい状況だったのだ。

かみさんは首を横に振りながら言った。「そうじゃなくて、このお金はそのマックロなんとかのセミナーの参加費だと思う。たぶん、そのセミナーに行けという流れになっているんだよ」。

かみさんはどこか達観しているようなところがあって、時々こんなふうに話すことがある。そして、こういう時は結局かみさんに従うことになるのだ。

セミナー会場は家から車で40分ほどの中伊豆荘という国民宿舎だった。

ちょっと緊張しながら会場に入ると、どうも私だけが浮いている感じがする。参加者は17人なのだが、顔色が青白い人や、元気のなさそうな人、ガリガリに痩せた人など、身体に問題のありそうな人ばかり。私だけが陽に焼けて浅黒く、健康そのものといった感じだったからだった。

セミナーの最初のカリキュラムは調理理論、野菜の調理法だった、講師は身体の小さい気の良さそうな老婦人の山本先生。

初めて聞く調理法に驚いた。一物《いちぶつ》全体、野菜をまるごとすべて使う理論で、たとえば大根は葉っぱ、皮、実に生えているヒゲまで使うという。

口に引っかかるようなヒゲまでわざわざ料理に入れなくてもいいだろう。大事なお金を使って、どうしてこんな話を聞かないといけないんだろう。なんとかキャンセルできないだろうか？　と、そんなことばかり考えながらセミナーを聞いていた。

午後になって、いよいよ久司道夫先生のセミナーが始まった。

久司先生は、年齢の割には１８０センチくらいと背が高く、すらりとした細身、品のいい背広を着こなし渋いネクタイを締め、颯爽と歩いてきた。どこを見ているのか分からない、不思議な目つきが印象的だ。

マクロビオティックは「食養生」と言って、桜沢如一《さくらざわゆきかず》さんという人が確立した食事理論だ。久司先生は桜沢先生の弟子であり、アメリカに渡りヒッピーの人たちを通じて、世界中にマクロビを広げた人だった。

その理論は食事理論にとどまらず地球や宇宙の摂理、そして哲学までにも及ぶということなのだが、当時の私はそんなことにはまったく興味がなく、どうしてこんな奇妙な食事理論を学ばなければならないんだろう？　と、やりきれない気持ちが募るばかりだった。

最終日、一人ずつが前に出て、久司先生の個人診断を受けていった。

ドクターに見放されたがん患者、難病の人など、不調を抱える人が次々と前に出て、久司先生が食事指導や日常の過ごし方のアドバイスをしていく。

そして、いよいよ私の番がまわってきた。なんの問題もないし、アドバイスも指導もなにもないに決まっている。

「杉本さん、君には今日から一切、肉を食べることをやめてもらいます」。

即座に「無理です！」と大きな声で叫ぶように答えた。おそらく、これまでのセミナーでこんな返事をした人はいなかっただろうと思う。

ただ、叫んだあとは小さな声で「無理です。私はミートリアンなんです。肉が大好きで朝からすき焼を食べてしまうし、夏は月に5回以上はバーベキューをするし、週に1度は焼肉を食べに行くような生活なんです」と一気に話した。

久司先生はその特殊な視線で私を見つめると、静かに言った。

「なるほど。しかし、君は人には見えないものを見ているし、人が感じないことを感じている。その力を使って、これから多くの人を助けなければならないのだよ」。

何も答えられずに黙っていると、先生は続けた。

「だから、君には今日から肉を一切やめてもらう。そのかわり、これから日本で開催するセミナーの参加費はいらないから」。

えっ！　これからもマクロビオティックをやるの？

そんなことはありえない！　肉だって絶対にやめられるわけがない！

納得のいかないまま個人診断は終わり、そのままセミナーも終わった。

あっけなく訪れた終わりの時

それから私は、マクロビの玄米菜食とまではいかないが、豚、鳥、牛、肉汁の入ったもの、はては弁当にウインナーソーセージが1本入っていただけでも、その弁当は口にしないというような生活を始めた。

3カ月か経った頃には、67キロあった体重が60キロをきってしまうほど痩せて、身体はいつも冷え切って寒かった。

パワーも落ちて、ウエイトトレーニングをしても、今までの重量は持ち上げることすらできず、はたしてこれで大丈夫なのかと不安になってしまった。

ところが、ある日テレビを見ているとウエイトリフティングの大会の中継をやっていて、ロシアの選手が優勝した。体重は100キロでかなり太め、その時アナウンサーが「この選手、かなり立派な体格ですが、なんと野菜しか食べていない選手だということです」と言うのを聞いた。

「そうか、マインドで身体も変わるのかもしれない」と思い、自分に言い聞かせてみると、なんと1カ月後には体重は元のレベルまで戻り、元通りのパワーを出せるようになった。

１９９５年から２００２年までの７年間、私は久司先生の日本ツアーのアシスタントを務めた。私の仕事は免疫を高めるための朝晩のエクササイズの指導と調理の手伝い、そして参加者の話し相手といったところだった。
久司先生の間近でマクロビオティックの本質に触れ、その深さを知った。その理論はワシントンＤＣのスミソニアン博物館に入ったほどのものだったのだ。

しかし、終わりの時はあっけなく訪れた。

長野の横谷温泉でのセミナーの時に、久司先生に呼び出された。あまりないことなので、ドキドキしながら先生の部屋に入る。
その姿はほとんど見せないが、久司先生はかなりのヘビースモーカーだった。箱から1本、器用に煙草を出すと、その細くて長い人差し指と中指でそれを挟み、口にくわえて火をつけた。

ゆっくりと煙を吐きながら「君は、私が教えていないことを、参加者に伝えているそうだね」と言った。その容姿にぴったりの低くて渋い声だった。
いつかこうなるだろうと思っていた私は、「辞めましょうか?」と短く言った。

「ああ、そうしてくれるか」。
「では、失礼します」。
久司先生とはそれっきりとなってしまった。

たしかに、マクロビによって病気を克服し、元気になった人もたくさんいる。でも、マクロビを始めたことで、反対にどんどん元気がなくなり、弱っていく人も多くいた。そんな様子を見ているうちに、2000年を越えたあたりからだろうか、なんとなく疑問を抱くようになっていたのだ。

その上、そんないい加減な感覚の私に、何人かの参加者が相談にやって来た。

「杉本先生、実は昨日、我慢しきれなくなって肉を食べてしまったんです」。

「なんだって？　美味しかったかい？」

「いえ、怖くて飲み込んでしまいました……」。

「えーっ！　よく噛まないとダメだよ。習慣にしなければ、ちょっとくらい食べてもいいから」。

「本当ですか？」

「どうしても食べたかったら食べたほうが、後悔がなくていいと思うよ」。

久司先生も、そんな私がアシスタントでは、セミナーが成立しないと思われたのだろう。

こうして、久司先生の日本ツアーのアシスタントは７年で終了した。

しかし、私はその後も15年ほどの間、肉類や肉汁を使った食べ物は一切口にしなかった。

杉本錬堂として生きる

菓子職人になって数年がたったころ、思い立って「将来の青写真」を描いてみたことがある。その時、何の根拠もなかったが、4年後の27歳で独立すると決めた。

このおかげで4年間の道筋が見えて、実際に27歳で独立し、30歳の時には2店舗目を持つことができた。その2店舗目は大失敗し大殺界にも突入したのだが、何とか切り抜けられて、無事に40歳を迎えることができた。そこで私は、再び「将来の青写真」を描いてみようと思いつき、ペンを走らせたのだった。

42歳、44歳、46歳、48歳までは何とか思い描くことができた。ところが、その先の50歳を考えたとき、ペンがピタリと止まってしまった。何も思い描くことができない、真っ白なのだ。

自分は50歳を迎えられずに死ぬのか……。そうか、私は49歳で死ぬんだ、きっとそうに違いない。そう真剣に思い込んだ私は、それなら今のうちにできるかぎり好きなことをやっておいたほうがいいと、自分に言い聞かせた。そして、知っておいてもらったほうがいいと思い、周囲の人たちにもそのことを話していた。

そして、ついに49歳の年がきた。ほとんどの人は笑って聞き流していたのだが、一人だけ本気で気にかけてくれていた人がいた。私の後見人の一人、日本画家の山田尚以《ひさゆき》先生だ。

山田画伯の絵はとてもすばらしく、私は心から尊敬していた。言葉や風貌は恐いが、その絵には細やかな優しさがあふれていて、神が宿っているように感じられた。

今はあまり聞かない「後見人」だが、どんな時も面倒を見てくれるという頼もしい存在だ。とはいうものの、ことあるごとにうるさく文句を言われるというのが実際のところで、たまに電話をかけてきては「もっとしっかりやれ」だの「このバカ者が！」などと叱られてばかりだった。

そんな山田画伯が、ある日奥様と一緒に家に来られて、「今日からこの名を名乗れ！」と言い渡されたのが「錬堂」という名だった。

突然のことに固辞すると「バカ者！　この名前は女房と一緒に1カ月考えて出てきた名前なんだぞ。お前は49歳で錬堂に生まれ変わるんだ」とおっしゃる。厳しい口調だったが、目の奥は優しかった。

結局私は、ありがたくこの名を受け取らせていただくことにした。それから3日間、私は山田画伯の言いつけどおり、紙に「錬堂」と1000回したためた。そうすることで、名が身につくということだった。

こうして、杉本錬堂としての人生がはじまった。

ここで名前を変えたことによるのかどうかは分からないが、私はいまもこうして生きながらえているのだから、ありがたいことだと思う。

第4章

見えない世界の力

前世を見つめる

1998年、48歳頃の話。

当時ヒプノセラピー（前世療法）、または退行催眠の第一人者と言われていたHM氏と知り合った。

見た目は貧乏神のような風貌だが、身体に響く低い声にはなんとも言えない魅力がある。しかも、その声でゆっくり紡ぎ出される言葉は、非常に的確で、相手に必要なことを次々と伝えていくのだ。

彼は私にヒプノセラピーを教えたり、いろいろな頼みごとをしてきたりした。

ヒプノセラピーなど特に興味もないのだが、なんとなく言うことを聞いてしまう。彼に言わせると、前世で私が彼の弟だったかららしい。

翌１９９９年、そんなＨＭ氏から、「お前の前世がどんな感じなのか興味があるから、ヒプノセラピーで観たいんだよ」と言われた。断りたい気持ちに前世とやらを見てみたい気持ちが勝り、彼のヒプノセラピーを２度受けたのだが、なぜかいずれも深い催眠にかかる直前に何かに止められてしまい、うまくいかなかった。

それで話は終わると思ったのだが、ＨＭ氏はどうしても私の前世が知りたかったようだ。２度目のヒプノの数日後に、見ただけでその人の前世がビジョンで見えるという「大阪のリエちゃん」を連れて、４人の仲間とともに私の店までやって来たのだった。

その日は定休日だったので、私はカーキ色のチノパンに白いポロシャツ姿で客席に向かった。リエちゃんは、見た目は20代くらいのごく普通の女性だ。

ひととおりの挨拶を終えると、リエちゃんが厨房で働いているかみさんを見て、クスクスと笑い始めた。「彼女、首を横に振って踊ってる。バリ？　バリの人だね」。

私はちょっとドキッとした。なぜなら、かみさんは過去にバリ島に２回行っていて、「バリ島は私の故郷のような気がする」と言っていたのだ。

なんだか怖いような感覚があって、得体のしれないリエちゃんの能力をどうにかして否定したくなった時、高校生の娘が学校から帰ってきた。

「ただいま」とこちらに挨拶をしに来たが、この一行が気に入らなかったのかさっと踵《きびす》を返し出ていってしまった。

すると、娘の後ろ姿を見たリエちゃんが、またクスクスと笑いながら、「南米かな？膨らんだスカートをはいている。……ああ、アルゼンチンだ」と言う。

「えっ！　アルゼンチン？」

娘はまだ6・7歳の頃、知っているはずのない「アルゼンチンに行きたい」と言って、周りを驚かせたことがあるのだ。私はますますドキドキしてきて、胸がかきむしられる感じがした。

その後はしばらく他愛もない話をしていたのだが、待ちきれないHM氏に促されて、リエちゃんは前のめりに身をのり出し、目を細めて私を見た。

そして次の瞬間、「キャアーッ」と声を発してのけぞり、大袈裟に思えるほど震える声で言った。「左手に人の首を持ってる、それも5つも……。右手には大きな十字の剣を振りかざして、見境なく人の首をはねてる」。

「なんてことを言うんだ！」と思う私のことなどおかまいなしに、皆は「それで？」と続きを聞きたがる。

「黒い大きな馬に乗ってる。黒い服、黒いマント、甲高い大きな声で笑いながら……、キャアーッ！」リエちゃんはまた、叫び声ともつかない声を発した。

「女の人をいっぱい犯してる。ひどい……」。

顔がカッと熱くなった。いくらなんでも酷い言いようじゃないか。

その後、リエちゃんは震えながら少し声のトーンを落として続けた。

「死んでる……。台の上に横たわっている、身体の上には十字の剣。周りには黒い軍団がいて、沈黙の葬式」。

もういい加減にしてくれ！　と思った直後、子供の頃のことが鮮明に思い出された。私はよく風呂敷をマントにして木で十字の剣を作り、はしゃぎ回っていたのだ。

これは、もしかすると本当のことかもしれない。鳥肌が立った。

リエちゃんは一呼吸おいて、今度は静かに話し始めた。

「このままではこの人の魂は浮かばれないからということになって、魂の浄化のためにチベットの寺院の寺男となって、３０００年間修行させられた」。

身体全身に震えがきた。私は昔からチベットのラッパの音を聞くと、なぜか胸に熱いものが込み上げてきて涙が出てくるのだ。

リエちゃんはいっきに話を進めていく。

「３０００年の修行のあと、黒い僧服を与えられ、３０００年の知恵を誰かに与えるために待ち続けた。名前は恵果《けいか》……これって誰なんだろう？」

ああ、それは私じゃない、３０００年の知恵なんて持っていないし、恵果なんて人物も知らないし……。

そして、リエちゃんからの最後のメッセージが告げられた。

「そして、最後の仕事、約束を果たしにこの世に遣わされた、再び黒い軍団を引き連れて。だから、いつも黒い服を着ているの」。

不思議だった。たしかに私は、いつも黒い服を着ている。

でも、今日はカーキ色のパンツと白いポロシャツを着ているし、リエちゃんとは今日初めて会ったところなのだ。それなのに、なぜそんなことが分かったのだろうか？

「相当、悪い事をしてきたから、前世を見つめることが怖かったのね。大きなカルマを背負っているから、今生は罪滅ぼしに人のために生きることになるのよ」。

そう言って、リエちゃんは笑った。

とにかく、あまりにも突拍子もない話だったのだが、その後次から次へと、それを裏付けるような出来事が起きてしまうことになる。

前世を裏付けるような出来事

ずいぶん時間がたってからの話になるのだが、２００８年のことだ。

京都のポスターを見ると、東寺の五重の塔が映っていることが多いが、私はそれを見るといつも、なぜか胸が締め付けられるような思いがする。どうしても気になるのだ。

ある日、心を決めて、東寺に行くことにした。東寺の境内をゆっくりと散歩していると、立て看板が目に入った。「春の五重の塔、特別拝観」とある。せっかくなので入ってみることにした。

薄暗い堂内に入っていくと、壁に色々な絵が展示されている。ふと気になった黒い僧衣を着た僧侶の絵、目を凝らしてみると思いがけない名前が書かれていた。

「えっ！　恵果って、あの時の恵果？」

読んでみると、空海が遣唐使として中国にわたってくるのを待ち続けて、お釈迦様の知恵を数カ月で伝授したという。まさか、そんなすごい人だったとは……。

幽体離脱の経験もあるので、輪廻転生はたしかにあると思う。

でも、そんな偉人が私の前世とは、どうしても思えない。

だが、黒い騎士団のことは、どうも空想の話ではない気がする。

讃美歌を聞くと、その時の情景がフラッシュバックするのだ。

今にも雨が降りそうなどんより曇った天気で、目の前には灰色の湖が見える。黒い鎧と黒い衣服を身に着けた騎士たちを従えて、家路を急いでいた。

後ろから、一人の騎士が大声を張り上げた。その騎士が指差す丘の上には、様々な色の鎧を着た数千の騎士たちが隊列を組んで並んでいる。

後ろを確認すると、我が兵は13人、その中には金色の髪を束ねた身体の大きな女騎士もいた。馬を止め、彼らを見る。女騎士がゆっくりうなずいて大きな剣を抜いた。他の騎士たちもそれに従う。

丘の上の騎士たちは、私を裏切った部隊だ。

許さない。たとえ、勝てずに死ぬようなことがあっても、絶対に許さない。

もとより死は覚悟の上、無言で馬の腹を蹴って、一目散に数千の騎士たちの並ぶ丘に突っ走る……。

ビジョンはいつもここで終わる。

さらに時は流れて、２０１２年11月のこと。

ある人の紹介でＫ－１選手の尾崎圭司君と友人になった。彼は私が伝えている天城流湯治法を気に入ってくれて、最短期間で湯治師・師範まで登りつめてくれた。

そんな彼の世界タイトル戦がベルギーで行われることが決まり、私はひょんなことから彼に随行することになった。非常にいい試合だったが、アウェーだったこともあり、結果は残念ながら判定負けとなってしまった。

試合が終わり、ベルギーから鉄道を使ってオランダのアムステルダム経由で帰国の予定が、アムステルダム空港でトラブルがあり、帰国が延びてしまった。

チケットが無駄になってしまい悔しい思いもあったが、私たちは気持ちを切り替えアムステルダム観光をすることにした。

アムステルダムの駅の近くに立派な教会を見つけて、なんとなく入ってみると、ちょうど夕方のミサが始まるところだった。

讃美歌が流れると、あのビジョンが浮かんでくる。信頼できる13人の騎士たちとともに、数千の裏切りの部隊に突っ込んでいく……、でもその時、今までと違うビジョンが見えた。それは、一人の騎士が美しいフクロウの模様の盾を持っている姿だった。


目を開けて何気なく聖堂を見回した時、私は衝撃を受けた。

ビジョンで見た美しいフクロウの模様が、聖堂の壁に飾られていたのだ。


こんなことがあるくらいだから、私は輪廻転生を頭のどこかで信じている。今生にその影響があることも少なからずあると思う。

しかし、精神世界に関心のある人の多くは、前世のことに囚われすぎているように感じる。

この世というのは、ある役割が終わったときにその命を終わらせるもの。前世のことは前世で終焉しているはずだと思う。どうしても見せられてしまうなら仕方ないが、わざわざ知りたがったりして前世にあまりこだわっていると、今生の役割を全うできなくなると思うのは、私だけだろうか。

深い瞑想の先は宇宙だった

51歳になった頃、悪友の誘いを断りきれず、一週間にわたる坐禅の接心に行くことになった。私たちは、茨城県土浦の霞ヶ浦の傍に建つ禅寺に向かった。

接心とは沈黙の行で、まだ暗い早朝に起床してから夜９時まで修行が続き、一週間誰とも話すことができない。

何度も坐禅を組みながら、鐘で起床、板木の音で食事や作務の始めと終わり、鈴で座禅の開始と終わり、言葉は使わず、すべて音で動いて行を続ける。

作業の順序も時間もなにも決まっておらず、言うなればすべては導師の気分次第だ。自分の思いや思考を一切入れることなく、すべてにおいて身を委ねるということになっている。


計30人が宿泊できる坐禅堂だったが、宿泊しているのは私たちだけだった。

朝4時に、恐ろしいほど大きな音で起床の鐘が鳴る。私たちはすぐに寝具を片付け、手を合わせた態勢で、坐禅堂の周りをグルグルと小走りで回る。何周するんだろうなどと考えると辛くなるので、考えてはいけない。終了の鐘が鳴るまでとにかく回り続けるのだ。


チーン、チーンとお鈴が鳴ったら、坐禅堂に入って準備を始める。そして、もう一度チーンチーンと鳴ったら坐禅開始。あとは次のお鈴が鳴るまで座り続ける。

坐禅の間は動いてはならない。どうしてもという時には、手を合わせて頭を下げる。警策《きょうさく》の依頼である。お願いすると身体を動かすことはできるが、木の棒で背中を打たれることになる。


４日目の早朝、座り始めて15分も経っていない頃に、導師が「呼吸がうるさい、静かに呼吸をしろ」と言う。

仕方がないので、なるべくゆっくりと息を吐き、ゆっくりと吸うようにしてみる。１分間に２回ぐらいの、深く静かな呼吸に意識を向けてみた。

坐禅のあいだは、１５０センチほど先を、半眼といって大仏様のように半分目を閉じているような開け方で見る。呼吸に意識を向けながら、ゆっくりと息を吐いていると、脳が酸欠を起こすのか少しずつ気が遠くなってくる。

もうダメかなと思った瞬間、目の前に……宇宙が広がっていた。身体がものすごいスピードで宇宙空間を飛んでいるのだ。

幻覚か？　と思ったが、目は半分あいている。いや、そんなことはどうでもいいと思ってしまうほど、宇宙飛行は気持ちが良かった。

しばらく宇宙飛行を楽しんでいたのだか、無情にもチーンチーンとお鈴が鳴ってしまった。あっという間で、もっと飛んでいたかったのにと思ったのだが、驚くことに1時間が過ぎていた。さらに、この現象は翌朝も起こり、私は再び宇宙を飛んだ。

接心を終えた打ち上げの席で、導師から感想を求められたので、この体験のことを話した。すると、「宇宙を飛んだのか！」と、とても驚かれた。

慌てて「ただの幻覚だと思います」と言うと、「いや、それは幻覚ではない。多くの坐禅の究極の到達点は、宇宙を飛ぶことであるという話があるんだよ」というのだ。

深い瞑想の先は宇宙飛行だった。

もしかすると、瞑想の真の目的は、この宇宙観に辿り着くことなのかもしれない。

南米の秘薬の聖なるワーク

あれは、２００２年３月のことだった。友人から、「聖なるワーク」をしてみないかとの誘いがあった。彼はアマゾン文化を日本に広めようと活動している、信頼のおける仲間だ。

「アマゾンの奥地にある薬草が、現代の難病に効くかもしれない」と考えていて、自然との調和をとりながら、アマゾンの人たちと日本人との橋渡しをしている。

そんな彼が提案したワークとは、南米のシャーマンが「神事」として行うものだといううことだった。

ワークに使うツタの一種の樹液「アヤワスカ」は、人間の意識を著しく覚醒させるものだという。このため、部落の中で原因の分からない病が流行ったり、行方不明者が出るなどの一大事が起きた時に、その解決のためにシャーマンが「アヤワスカ」を使った神事を行うそうだ。

なお、当時は国内に持ち込むことが許されていた「アヤワスカ」だが、現在では麻薬の一種とされ、法律で持ち込みが禁止されている。

「聖なるワーク」というからには時間や場所にもこだわろうということで、満月の夜、伊豆の聖地の山に仲間4人で集まり、実行することにした。

食べ物は持ってこないようにということだったので、シュラフ（寝袋）だけを持って、夕方まだ明るいうちにキャンプ地に入った。一晩分の焚き木を集めて、7時くらいから焚き火を開始した。

4人で焚き火を囲みながら、沈黙の時間が流れていく……。

夜の８時と10時、12時の３回、小さめのコップにアヤワスカを注ぎ、飲み干した。まるで泥水のようなドロドロとした液体で、喉ごしも気持ち悪いものだった。

３杯目を飲んで、10分ほど経ったころ、何となくお腹が気持ち悪いなあと思った次の瞬間、我慢できないぐらいの吐き気が襲ってきた。

大急ぎで、焚き火から離れて暗闇の森に駆け込み、傍にある大きな杉の木につかまった。これまで経験したことがないほどの吐き気だった。下腹部から湧き上がってくるような感じで、勢いよく嘔吐した。

これはヤバイ……大変なものを飲んでしまった！　と後悔したのも束の間、今度は猛烈な下腹部痛が襲ってきて、木につかまりながらしゃがみこみ、食道や胃や腸、内臓という内臓が、全部出ていってしまうような感覚で下痢をした。

しばらく動けずにうずくまっていたが、何とか落ち着いてきた。皆が心配するから、早く焚き火のところに戻らなくてはと思い、木につかまって立ち上がろうとした時、異変に気付いた。

高さ数メートルのところから、皆を見下ろしているのだ。

まさか、また幽体離脱？

真っ暗闇の中で3人が焚き火を囲んでいるのを、別人の私が上から見降ろしている。彼らが私のことを心配している様子に、「焚き火のところに戻らなくては！」と強く思った瞬間、木につかまっていた自分の身体に戻ることができた。

月明かりでおぼろげに見える森の道を、ふらつきながら焚き火のそばまで戻った。仲間たちが「大丈夫？」と聞く声に「うん大丈夫」と答えはしたが、本当はまったく大丈夫ではなかった。

目が回るので目を閉じると、どこが底とも知れない漆黒の闇に、自分の身体が転落していく……。

恐怖でむりやり目を開け、森に目を向ける。「虫がいるな」と思った瞬間、周り一面がもぞもぞと動き出して、黒い得体のしれない虫が地面を覆い尽くすように近づいてくる。思わず目を閉じると、再び暗闇への落下が始まった。

また目を無理やり開ける。「何か良いことを考えなければ……、そうだ天使だ！」そう思った途端に、鼻先にティンカーベルが飛んでいる。

「可愛いなあ。……でも、こいつもひょっとすると悪魔の化身かもしれない」と思った瞬間、ティンカーベルの形相が吸血コウモリのようになって、私の鼻にかぶりついた。

もうどうにもならなくなって身体を横たえた瞬間、そう、この幻覚症状は瞬間に変わるのだ。今度は自分の身体が地面になってしまった。動こうとしても金縛り状態のようになってしまって身動きができない。

アヤワスカというのは、どうも人間の心の奥底をあぶり出し、自分の思考を増幅させるものらしい。

それから3時間あまり、私はすさまじいネガティブな幻覚に襲われつづけ、今まで感じたことのない恐怖と戦ったのだった。

その間私はずっと、この窮地を救ってくれるものは何だろうと、かすかに残っている自分の正気に向かって、必死に問いかけ続けた。

そして、もうダメかと思ったその時、肛門のあたり（第1チャクラと言ったほうがいいかもしれない）から入ってきたものがあった。

「南」「無」「妙」「法」「蓮」「華」「経」、7つの文字が、肛門からお腹を突き抜け、口から飛び出しそうな勢いで入ってきたのだ。

「南無妙法蓮華経」、その7文字が入ってきた瞬間、一切の幻覚が消え去った。しばらく呆然としていたが、自分の身体の感覚を確かめたら、なんだかとてもすっきりしていた。

それにしても、自分を最終的に救ってくれるものが「南無妙法蓮華経」だとは……。たしかに、我が家は代々、日蓮宗だ。でもそんなことは、今まで意識したこともなかった。墓参りにはよく出かけていたが、宗教的に意識したことなど一度もなかったのだ。

人は誰もが、先祖のお陰で生きている。精神世界のルーツともいえる自分の先祖が、どんな信仰を持っていたのか、代々何を心や魂のよりどころにしていたのかということは、知っておいたほうがいいのかもしれない。

それにしても、この奇妙な体験はなんだったのだろう？

考えたところで何も分からないのだが、この体験後、どうも妙なことや不思議な出来事が加速度的に増えていったことだけは間違いない。

トランスを求めて生きる

ある時友人が「錬堂さんって「困ったよ。やばいよ」って言いながら、いつもニヤニヤしてるよね」と言ってきた。「まさか！　そんなことないよ」と答えたものの、言われてみればそのとおりだ。

私は結局のところ、窮地に陥るのが好きなのだと思う。スリリングな感覚がたまらないし、「さあ、どうやって切り抜けるか」と、考えるのも面白い。

結局、求めているのはトランスなのだ。まったく違う世界へ行く、次元を超えるような体験というのだろうか。

広島で天城流湯治法のセミナーや指導者育成をする時に、太光寺というお寺を使わせていただいていた。とてもよくしていただいたので、副住職の東和空さんに「何かお手伝いできることがあれば」と申し出たところ、「原爆投下前夜の8月6日から7日の朝

８時27分まで、12時間の護摩焚きをやっているんです」とおっしゃった。

それなら何か手伝おうということで、私は雑用係を引き受けるつもりで太光寺に行ったのだが、和空さんが護摩焚きをしている真横に座るように言われてしまった。

あまりの熱さにすぐに逃げ出したくなったが、とにかくしばらく我慢しようと１時間は座っていた。ところが、１時間たって振り返ってみると、始まった時にはいたはずの１００人ほどの人が、皆帰ってしまったのか誰もいなくなっていた。こうなっては、もう逃げられない。

その後は、「素人なんだし、２時間我慢したらもういいだろう」と思うのだが逃げられず、「３時間頑張ったらもういいだろう」と思うのだが逃げられず、を繰り返した。

トイレに行くと天国のような涼しさで、「もう戻らなくてもいいかな」と思うのだが、やっぱり逃げられずに結局12時間やりきった。

しかも、護摩焚きを終えた後「もう二度とやりません！」と宣言したにもかかわらず、和空さんに「そんなことを言わずに来年もやりましょうよ」と言われた瞬間「はい」と返事をしてしまい、結局5年も続けることになってしまった。

でも、この体験はとてつもなく辛いのだが、実は同じくらい面白くもあるのだ。

12時間の中で、自分の内側で起こってくる葛藤や変化が面白い。本当のところは、皆が思うような、崇高な思いで一心不乱に護摩焚きをやるというわけではなく、そんな不埒《ふらち》な想いでやっていたということだ。

他にも、2月の大寒の日に、海に入ったり川に入ったり、神社の手水を100杯被ったりということもやってきた。

接心の坐禅をした時には、宇宙を飛んだ。

夜中にエネルギーの高い山に登り、何度夜明けまでの時間を過ごしてきたことだろう。

考えてみれば、サーフィンやウインド・サーフィン、パラグライダーなども、ただ楽しむというよりは最も危険なギリギリを狙って空や海に飛び込んできた。

もしかすると、役小角や空海、日蓮大聖人といった行者たちも、悟りを目指す荒行と言いながら、実は私と同じようにトランス体験がほしかったのかもしれないと思うことがある。

彼らの足取りをたどると、気持ちの良い場所ばかりを巡っているのがよく分かる。ネコが日向の一番気持ちの良いところに行くように、自然の中で実に自由に生きているのだ。

「修行だ悟りだと言っているが、そんなのは後付けなんじゃないか」と思う。荒行なんていうが、好奇心にまかせて気持ち良さを求めてやっている。皆のために温泉を見つけたといっても、最初に楽しむのは間違いなく自分自身だろう。

ただ、そういう場は決まって自然の中にあり、とてつもなくエネルギーが高い。当然そこでの発想はとてもクリアで、結果的にすばらしい叡智がもたらされるということなのだろう。

多くの人が、霊的なものやエネルギーの高い人や場が、世の中を良くしてくれる、世界を救ってくれるというような願望を持つらしい。また逆に、エネルギーを高めること、見えないものを扱うことで自分自身がそうなりたいと願うこともあるようだ。

しかし、それは「メサイアシンドローム」、ただの幻想だと感じる。自然界に遍満する宇宙のエネルギー、その気持ち良さに触れれば、そんなことはすぐに分かるはずだ。

人にはそれぞれの役割があるから、気持ち良さを感じる場面はそれぞれに違う。それぞれに、自分の身体や魂と対話しながら、自分の気持ち良さを求めて生きていると、人として生きる道が自ずと分かるようになるのだと思う。

誰かに言われた良い食べ物を食べるのではなく、自分の心身が気持ち良いと感じるものを食べればよいし、有名な聖地ではなくとも、自分の心身が心地良いと感じる場に身を置けばいい。

そういった生き方の一歩として、一日の中で気持ちの良い時間を、じっくりと感じてみるのも良いと思う。

朝方のかぎろひ、東雲、朝ぼらけ、それに夕方、日没前の夕まずめも気持ちの良い時間帯だ。そんな時間帯のエネルギーをゆったりと感じていけば、発想がまったく変わってくるだろう。

自分が幸せに気持ちよく生きる道は、結局のところ、自分自身にしか見出せないのだと思う。

何十万、何百万の人を治す方法

1995年、45歳頃から5年間ほどは、仕事の傍ら、ありとあらゆる修行のようなことをやっていた。

その頃、地元の腕の良い治療家が私の身体の面倒を見てくれていたのだが、私のことを「あなたは一度に何十万人もの人を治す人だから」と言って、無償で施術してくれていた。

それだけの人を治そうと思ったら、見えない世界の力を発揮できるように修行するしかないだろうと思って懸命に修行していたのだ。

身体に関する様々な閃きが次から次へとやってくるようになったのは、2000年くらいのこと。見えない存在からのメッセージのようなものだと思う。

特殊な力を手に入れることもできた。たとえば、千人くらいの会場で、その人たちの身体をパッと見ただけで一気に変えることができるのだ。

どこへ行っても皆驚いて、口々に「良くなりました！」と喜ぶ。でも、２週間もすると同じ人がやって来はじめて、１カ月もするとまったく同じ顔ぶれが揃っている。これは何かが違う、こんなことでは埒があかないなと思うようになった。

５年ほどたった頃、そんな様子を見た彼が「何をやっているんですか？　もう少し考えてください」と言う。でも、どうすればよいのかということは教えてくれない。

「一度に何十万人って言ったでしょう？　何万人の世界じゃないんです」とだけ言うのだ。

ある時、ハッとした。

「そうか！　俺が直接治すんじゃなく、治し方を伝えればいいのか！　そうすれば一度に何十万人、いや何百万人、何千万人だって治せるじゃないか」と思った。

私が見えない力を扱えるようになったのは、それを使って人々を治すためではなく、見えない世界から様々な方法を引き出して、それを見えるかたちにするためなのだと気づいたのだ。

当時の私は、厚生省、運輸省のアドバイザーという肩書を得て、予算がふんだんにある様々な公的プロジェクトを引き受けて、大いに忙しくしていた。

温泉などで得た閃きから私が考案した様々な手当法を「天城流湯治法」と名付けたのも、2003年に静岡県が私のやっていた温泉療法に補助金を出してくれたとき、市町村合併で天城湯ヶ島町が伊豆市となり、「天城」の地名が消えることがわかり、なんとか残したいと思ったからだった。

怪しいセラピーやヒーリングを学ぶようになってから、変な宗教に引っかかったなどと言って離れていった友人たちも、公的な仕事にかかわるようになると見直してくれるようになり、私の周りはまたにぎやかになっていた。

私は「みんなやっと分かってくれたんだ」と思い素直に嬉しかったが、逆に言えばそれほど公的な事業の権威は大きかったのだ。

ところが、そんなある日のこと。

友人の中村さんが肩の調子が悪いというので、天城流湯治法で調整してあげた。すると、あまりの効果に驚いた彼は「すごい技だね！　こんなすごい技、どうやって広めているの？」と聞いてくる。

私が公的な補助金を使って広報していると答えると、彼はもっと驚いてこう言った。

「なんでそんなことをしてるの？　そんな上から目線じゃ、大切なことは伝わらない。本当のことは草の根的に広めるしかないよ」。

あまりの衝撃に、怒りのあまり身体の震えが止まらなくなるほどだった。

「黙れ！　俺がこれまで、どれだけ苦労してきたと思ってるんだ！　それがやっとかたちになろうとしてるのに、分かったようなことを言いやがって！」

そう大声で反論したいのに、ぐうの音も出ない自分がそこにいた。

私はほどなく、すべての公的な事業から降りることにした。

国や県は驚いて慰留したが、私の気持ちは変わらなかった。

何の後ろ盾もなくなった私の伝える天城流湯治法など、何十万人どころか、数人すら聞く耳を持ってくれないかもしれない。

それでも私はすべてを捨てて、一から始めることにしたのだった。

第5章

身体の声を聴け

天城流湯治法

「天城流湯治法」は、私が考案したオリジナルの手当法だ。

この名を付けたのは、「天城」という地名を残したいと思ったからだが、今となっては、この名は地名を超えて「天の流派の城」という意味にもなり、神々の精神と技を持った人たちの集まりという、とても崇高なものとなっている。

身体のゆがみの多くは、日々の生活習慣が作り出したものだ。

私はかつて大きなけがをして、何もせずにいると親指は曲がらず、右足のかかとは地面につかない。まったく自慢にはならないが、これまで全身を合計100針以上縫っていて、複雑骨折なども経験しており、絶えず満身創痍の状態だ。

それを毎日自分でほぐし、調整することによって生まれたのが天城流湯治法だ。深い傷であっても調整次第でこれだけ動くようになるのだから、生活習慣でできたゆがみ程度なら、きちんと学べば簡単に戻すことができる。

天城流湯治法は、手や指、爪、肘、掌、足など、自分の身体を使って、自分で「のばし、ほぐし、ゆるめる手法」だ。

この手法は、私たちの身体を支えてくれる骨、動かしてくれる筋肉、そして、アキレス腱《けん》などの骨と筋肉をつなぐ腱、この３つにアプローチしていく。

運動不足や偏った食事、不規則な生活などにより、汚れたり、滞ったり、固まりやすくなったりしている血液のことを、東洋医学では「瘀血《おけつ》」という。

そんな瘀血によって、年齢を重ねるごとにしなやかさを失ってしまった腱を「のばす」こと、瘀血が滞って硬くなってしまった筋肉を「ほぐす」こと、さらに骨と筋肉が癒着してしまったところを「ゆるめる」こと。この３つの動作で、骨、筋肉、腱がそれぞれ本来の動きを取り戻し、身体が蘇るのだ。

ただ、高齢だったり症状が重かったりして、この3つの動作を行うことが難しい場合には、お湯の中で行うのが効果的である。お湯の中で行うと、押した時の痛みが軽減されたり関節の可動範囲が広がることから、それほど力を入れなくても筋肉や腱がゆるみやすくなるのだ。

身体は魂の乗り物、一生付き合っていくかけがえのない相棒だ。

私たちが使う様々な道具や器具は、最初の頃は何もしなくてもよく動くが、毎日使っているうちに不具合が生じて、手入れをする必要が出てくる。人の身体もそれと同じだ。

実は、地球上の動植物の中で、自分で手入れをせずに生きているのは人間だけだ。木や植物は異変を察知すると葉を落としたりするし、根の張り方も変えていく。野生動物はもとより、ペットである犬や猫でも、伸びたり縮んだりとストレッチをするし、傷があれば舐めて養生する。

人間だけが、具合が悪くなっても自分で手入れをすることなく、すぐに誰かの手に委ねてしまうのだ。

しかし、自分の身体は自分で手入れをすることができる。

まずは自分の身体に向かって、労いや感謝の言葉を伝えてみよう。私は毎朝、「今日もよろしく頼むぞ」と、毎晩「今日もよく頑張ってくれた。ありがとう」と、身体に触れながら感謝している。そんなことで……、と思うかもしれないが効果はてきめんだ。

身体が魂を裏切ることは決してない。

病気は、身体に意識を向けてくれないことへの謀反のようなもの、「気づいてくれ！」という叫びなのだ。

大切なのは、日々自分の身体に心を向けて対話し、その変化に気づこうとすることだ。外に方法を求める前に、まずは身体としっかりと対話し、身体を大事に、労うようにしてほしい。

呼吸と咀嚼で身体を整える

「のばし、ほぐし、ゆるめる」という3つの手当以外に自分で身体を整えていく方法として、セミナーなどで必ずといってていいほど伝えていることがある。

まずは「呼吸」を意識すること。

呼吸は、生きていくうえで必要不可欠な、最も重要な行為なのだが、私たちが呼吸に意識を向けることはほとんどない。忘れてしまっていると言っても過言ではないだろう。

しかし、その呼吸を意識することで、私たちの身体は簡単に変わっていく。具体的には、鼻から吸って口で吐く。

鼻は呼吸のための器官として、非常によくできている。入口の鼻毛によって大きな異物の侵入を防ぎ、その奥の鼻腔で小さな異物や雑菌をシャットアウトする。

さらに鼻で吸った空気は鼻腔から出る一酸化窒素と混ざり合って肺に入っていく。心臓と血管の健康に欠かせない一酸化窒素が混ざり合うことで、鼻から入った息は肺に柔らかく入っていくのだ。


鼻呼吸をしっかり行うためには、鼻の通りが良くなければならない。だが、かなり多くの人が鼻の通りが悪く、深い鼻呼吸ができていない。

なぜできないのかというと、「咀嚼《そしゃく》」が足りないのだ。


身体の不調や病気の原因の多くは、意外なことに咀嚼不足にある。

咀嚼不足で未消化の食物が小腸に送られると、小腸にストレスがかかる。すると、顔面にある小腸系の流れが滞りを起こし、鼻呼吸ができずに口呼吸になる。口呼吸では呼吸は浅くなってしまうし、異物の侵入を防ぐことはできないし、そのうえ前述の一酸化窒素も分泌されないことから息が肺にうまく入りづらい。

口は食べ物を取り入れる器官であり、その役割は咀嚼することにある。とにかくよく噛むこと、最低でも一口につき47回ほどは噛んでほしい（面白いことに『日月神示』に一口につき47回噛むようにとの記述があるのだ）。

しっかり咀嚼することによって、口腔内からしっかりと唾液が分泌される。唾液の成分は水分代謝を促して食物の飲み込みを楽にするとともに食物を軟化させ、細菌の繁殖を防止し、なんと体温の調節までしてくれる。

それぞれの器官が本来の働きを取り戻していくこと、それだけで身体はどんどん整っていく。

私が伝えたいことの根っこ

生まれて死ぬまで一緒に生きていく自分の身体。

その身体と折り合いをつけて生きていくことの大切さを伝えたい。

天城流湯治法の根っこはそこにある。


このように言えば聞こえの良い話だが、ここにたどり着くきっかけはあまり格好の良いものではなかった

私の幽体離脱はどれも格好が悪い。

３度目の幽体離脱は特に格好が悪いので、正直あまり話したくないくらいだ。

「麻雀なら３日間寝ずにできる」と豪語して、本当に72時間、寝ずに麻雀をやり続けた後の帰り道、まるで夢を見るように自分の車が走るのを見下ろしていたのだ。

車の屋根に鳥の糞がたくさん付いていて「汚いなあ」と思ったところで目が覚めたのだが、家族が言うにはちゃんと家に帰ってきて10時間以上寝ていたらしい。ただの夢だったのかどうか気になって２階の窓から駐車場を覗いてみると、見たとおりの汚い車の屋

根だったのだ。

皆はもっと格好良くて、花畑を見たとか光の中にいたとか、幽体離脱仲間の木内鶴彦さんは未来の地球を見たという。まったく羨ましいかぎりだ。

それに比べて私ときたら、お尻からの出血に苦しむ自分を横から眺めたり、今では麻薬扱いの怪しい薬で苦しんだり、最後は鳥の糞だらけの自分の車を見下ろすという体たらくだ。


一体何のためにこんな体験をしたのだろうと思っていたが、3度目の幽体離脱から3カ月ほど経ったある日の朝、突然大きな気づきがあった。

「俺はなんでこんな簡単なことに気が付かなかったんだろう。今生きているということは、錬堂という魂が、錬堂という身体を借りているということなんだ！」

繰り返しになるが、身体は魂が借りているものだ。

無理を重ねると、身体が魂を追い出す。「こんなひどい目に遭わせやがって！　お前みたいな奴とはもう付き合っていられるか」と身体から三下り半を突き付けられる、それが幽体離脱なのだ。

不思議なことに、身体に感謝し、きちんと折り合いを付けるようになってからは、それほど身体の具合が悪くなることはなくなった。

身体に合わないものを食べてしまっても、下痢をする程度でおさまるのだ。

これは私の考えだが、下痢は、身体に合わないものを体内に置いておきたくない、少しでも早く外に出したいという意思表示だ。

便秘は過食。食べ過ぎると栄養素が吸収しきれず、まだ栄養素が残っているからということで外に出さないようにするのだ。

食べる量を減らしてよく噛むことを勧めると、便秘が良くなる人がとても多いところをみると、どうも正解なのではないかと思う。

こういった身体との対話を一人ひとりが大切にしてほしい。

私の経験を話すことがそれを促すきっかけとなるなら、どんなに格好の悪いものであってもいくらでもさらけ出せる。

なぜなら、それこそが天城流湯治法、私が伝えたいことの根っこだからだ。

超能力的な力を封印する

すべての公的な事業から身を引いた私は、天城流湯治法を伝えるために全国行脚の旅に出ることにした。

ちなみに、「菓子の木」の方はというと、２０１２年に閉店するまでの間、息子が菓子職人をして、かみさんが店番をしてくれていた。家族に支えられて、私は自由に泳がせてもらっていたというわけだ。

ここまでこられたのは、私一人の力ではなかったことをしみじみ感じて、ありがたいと思う。

全国行脚の旅には、日本全国をバイクで1回、さらに車でも1回まわったことのある荒井君が同行してくれることになった。

私と一緒に3回目の全国行脚をすることになった荒井君。全国を旅してたくさんの人に会ったが、彼のことを悪く言う人は一人もいなかった。生きることに関しては私の師でもあったと思う。

各地で健康セミナーを開くのだが、肩書も知名度もないセミナーに人が集まるはずはなく、当然お金も入ってこない。私たちは車で年間7万5000キロ、80日くらいは野宿しながら旅を続けた。

苦しくなかったと言えばうそになるが、すばらしい経験もたくさんあった。特に、聖地のような場所にテントを張ると、まったくの異次元世界を体験できた。自然と溶け込み、見上げる空は神々しいほどの美しさで、地球への畏敬の念が自然に湧いてくる。

そして、全国行脚が2年目に入ると、セミナー参加者も少しずつ増えていき、弟子になってくれる人たちも現れて、今の天城流湯治法協会の基礎ができていった。

荒井君は神社好きで、全国行脚の途中に様々な神社に連れて行ってくれた。浜松に行った時には、天狗の神社として知られる秋葉神社へ案内してくれた。

初めて参拝した時、神社の石段を降りる途中、掌にしびれるような感覚があって、指の先から10センチぐらいフワフワしたエネルギーが出ている感じがした。関係あるのかどうかは分からないが、その日の施術の効果がなぜか高かった。

２回目の参拝では、気になるところがあったので本社に参拝した後そちらに回った。多くの神社や聖域は「本筋の場所」を隠していることが多い。参拝者のほとんどが、自分の欲を叶えるためにやってくるからだ。本来の祈りとは、「今、在るを感謝」するだけなのだ。

秋葉神社の本筋の場所で感謝して手を合わせると、手の指の先から20センチぐらいのピリピリしたエネルギーが出ていた。その日の施術は１回目よりさらに効果があるように感じられた。

さらに欲が出た私は、荒井君と「３回目は早朝に参拝しよう」と相談し、夜のうちに秋葉神社の近くまで行ったのだが、あいにく雨が降り出した。屋根のあるところを見つけて、寝袋で寝たのだが、ザーッという雨の音で目が覚めた。

寝袋をかぶって座り、強くなった雨をしばらく眺めていたその時、「パーンッ」という耳をつんざくような大音響とともに目の前が真っ白になって、オレンジ色の閃光が走り、身体を通り抜けたのだ。身体にはビリビリとした強い衝撃があり、指先から１メートルほどのエネルギーが出ているのがはっきりと感じられた。手を見ても何もないのだが、間違いなく何かがあるのだ。

結局、ひどい雷雨のため秋葉神社に行くことはあきらめて、私たちは浜松市内の健康セミナーの会場に向かった。

その日のセミナーでは、不思議なことが起こった。肩が痛くて手が上がらないという人の肩に、なんとなく人差し指の先で軽く触れてみると、何かがすっと入っていくような感じがした。すると、即座に肩の痛みが消え、その人は驚いて腕をゆっくり上げてから、嬉しそうにグルグルと回して見せた。

次に腰が痛い人の腰に、やはり人差し指で触れてみる。すると、嘘のように腰の痛みが取れたというのだ。具合の悪いところに指で触れると、それだけで症状が消えていくのだ。

一体何が起こっているのか、参加者も驚いていたが一番驚いたのは自分自身だ。しかも、ことはそれでは済まなかった。

潮崎さんという女性が、胸が苦しくて重いと訴えた。そこで、人差し指を右胸に当てようと触った瞬間、なんともイヤな音がした。なんと骨が折れた……、いや、私が骨を折ってしまったのだ。

心臓がバクバクして、頭の中が真っ白になった。その後のセミナーのことはまったく覚えていない。セミナーが終わって、ハッと我に返り、その女性を探したのだが見当たらない。私たちは仕方なく、浜松を後にしたのだった。

３日間考えに考えて、私はこの仕事を辞めることに決めた。人を治すと言いながら人の身体を壊すなど、この仕事をやる資格がないということだと思ったのだ。

ところが、そう決めた途端に、電波が悪い場所にいたにもかかわらずなぜか携帯が鳴った。浜松のセミナーの主催者、坂本さんからだった。

仕事を辞めることを伝えると、「やっぱりそうですか。今、潮崎さんと一緒にいるので変わりますから話を聞いてください」と言う。

「錬堂さん、話を聞いていたんですが、辞めないでください」。

「いや、もう決めました」。

「私のことで錬堂さんが今の仕事を辞められたら、私がみんなに恨まれてしまいます。だから、絶対に辞めないでください」。

彼女がそこまで言ってくれたおかげで、私は辞めることを思いとどまることができた。

しかし、私はこの一件以来、そうした超能力的な力は封印して使っていない。自分でコントロールできないような力は、決して使ってはならないのだ。

丑三つ時の訪問者

身体に関する閃きを次々と伝えてくる見えない存在のことを、私は「ぬらりひょん」と呼んでいる。

少し後になってからの話なのだが、２０１６年にニュージーランドに行ったとき、詩人の銀色夏生《ぎんいろなつを》さんという人が一緒だったらしい。

彼女が『こういう旅はもう二度としないだろう』（幻冬舎）という本の中で、私のことを「ぬらりひょん」と書いていることを知って、「なるほど、俺がぬらりひょんに似ているということは、俺にメッセージを送ってくるのは妖怪ぬらりひょんなのかもしれないな」と思った。

そこで、「あなたはぬらりひょんなのですか？」と尋ねてみると、違うともなんとも言ってこない。どう呼ばれても我関せずということなのかもしれないが、それじゃあということで、その時からぬらりひょんと呼ぶことにした。

ぬらりひょんは、決まって丑三つ時、つまり夜中の2時頃にやって来る。たまに旅行に出かけるらしく、その数日は朝まで寝られるのだが、それ以外はほぼ毎晩だ。おかげで私の平均睡眠時間は、3～4時間ほどになってしまった。俗にいうショートスリーパーなのだろうが、毎日起きているのか寝ているのか酔っぱらっているのか分からない状態だ。

ぬらりひょんからのメッセージは、声が聞こえるという類のものではない。床に就いてぐっすり眠っているところに、ふっと閃きがやってくる。「今日は疲れているし、やりたくないなあ」と思っていても、次から次へと「えっ！　嘘だろう？」というようなことを閃くのだ。

そうなると、もう仕方ない。「はい、分かりました」と言ってパソコンに向かい、閃きのとおりに資料を作っていく。

例えば、「小児てんかんはここをほぐす」と閃く。私は人の身体についての知識は皆無だから、医学的に合っているのかどうかなどということはまったく分からない。だから、閃いたまま作るしかないのだ。

しかも、翌日のセミナーには、不思議なことに小児てんかんの子供がやって来る。「ちょうど今朝思いついて資料を作ったばかりなので、やってみて良いですか？」ということで、その個所を調整するとウソみたいな変化が起きる。効果があるのかどうか、検証までできてしまうのだ。

常識という壁を超える

当初、私は「ぬらりひょんもとんだ人選ミスをしたものだ」と思っていた。なんの資格もない私が、「ぬらりひょんから聞いた」などと言っても、誰が信用してくれるだろう。もっと適任者がいるはずだと思っていたのだ。

しかし、現在身体の常識とされていることは、まだまだ身体の本質の全容にはほど遠い。もしかすると、何も知らないためにそんな身体の常識に囚われないことが、私の強みなのかもしれない。

何も知らないからこそ、素直に閃きの通りに、粛々と淡々と資料を作り、実際にやってみることができる。

そして、皆最初は「まさか……」と言うのだが、医学的にはありえなくても、一生付き合うしかないと言われた痛みが嘘のように取れたり、治療法の確立していない難病が、資料に従って調整すると改善したりといったことが実際に起こるのだ。

資料は5万4千枚を超えるまでになっているが、私自身何をどう書いたのか、ほとんど覚えていない。どうも覚えておく必要はないようだ。

重複などもあるので、今後しっかりと整理し残していくことになるだろう。

今では、この資料が若い世代のドクターの研究材料となり、たとえばノーベル賞が取れるようなことになればいいと思っている。
というのも、資料の中には、いまの常識をひっくり返すような話が多く含まれているからだ。

今のところ2つが実際に解明され、ノーベル賞を受賞するなどしている。
一つは鼻で呼吸する時、何らかの物質が混ざることによって肺が安心するということ。私はこのことを２０００年くらいから主張していたのだが、当然誰も信用してくれない。ところが、２００８年にアメリカのドクターチームが、鼻呼吸によって一酸化窒素が取り込まれることを解明したのだ。

もう一つは、唾液を作る唾液腺というのは、３つとされてきたのだが、私の見解では4つある。いくら言っても信じてもらえなかったが、２０２１年にオランダの医学界で

4つ目の唾液腺が発見されたと大騒ぎになり、なんとノーベル賞を取ったのだ。

数人でもいいから伝えていこうという気持ちで始めた天城流湯治法は、地道な活動を経てどんどん広がっていった。

もともとレベルの高い治療家として知られていた岩本直己先生や中山辰也先生をはじめ多くの優れた弟子に恵まれたこともあり、現在では日本国内のみならず、アメリカやオーストラリアなど、海外でもセミナーや講習会を行っている。

興味があれば、ぜひ天城流湯治法を学んでみてほしい。

具体的な理論や方法については、全国各地で講習会が行われているし、書籍や動画でのセミナーもある。また、天城流湯治法の集大成のひとつとして、チームラボとアプリを共同開発し、近く提供することにもなっている。

常識という壁を超えて、何十万人、何百万人の人を治す道が、ようやく開けつつあるようだ。

第6章

シャーマンとはなにか

聖地セドナでシャーマンと出会う

私は世界長老会議というものに、2007年にペルーで開催された第1回から日本代表として出席している。

もちろん、私は長老などではないし、なぜ参加しているのかもよく分からない。

なぜこんなことになったのかというと……。

東京の下高井戸に本應寺《ほんのうじ》という浄土宗のお寺があり、住職の品愚《ぼんぐ》上人のご厚意で、セミナーなどで上京した時によく泊めてもらっていた。

品愚上人は本当にどんな人にでも分け隔てなく平等に対応する人で、私はそんな上人を敬愛している。

ある時、そんな上人が「アメリカのセドナに錬堂さんそっくりの人がいるんだけど、会ってみない?」と言う。

「いやあ、特に会いたくはないですね」。

「だって、すごく似てるんだよ」。

「上人は、その人と俺を会わせて、どうしたいんですか?」

「うん、並べて見てみたい」。


「交通費以外は出してあげるから」とまで言われ、「まあ、上人と一緒に旅することができるなら行ってもいいか」と思った私は、２００６年10月、上人とともにアメリカのアリゾナ州にある聖地セドナへと向かったのだった。

アリゾナ砂漠は広大で地平線が両脇に見え、その景色は2時間走っても変わることがない。私のそっくりさん、リー・グラハムという人とは、その砂漠の真ん中にある芸術家のコロニーで会うことになっていた。

実際に会ったリー・グラハムさんは、一目見た瞬間吹き出してしまうほど私と似ていた。自分で言うのもなんだが、ちょっと離れて見れば、きっと誰もが見間違えるだろう。彼と会えただけでも、はるばるセドナまで来たかいがあったと本気で思った。

その日の夕方、リー・グラハムさんが手料理を作ってくれた。彼の手料理はとても美味しかった。

食事の席には、ダコタ族のアダム・イエローバードとホピ族のルーベンも来ていた。

美味しい料理を食べることに夢中になっていた私は、実のところほとんど覚えていないのだが、上人と2人は、「こんな時代だから、シャーマンが集まって祈りを捧げないと、地球が大変なことになってしまう」というような話をしていたらしい。

そして、その時アダムが「錬堂、来年、ペルーで行われる世界長老会議に来ないか？」と尋ね、私は「行けたらいいね」と言ったらしいのだ。

セドナから帰国してしばらくすると、私のアドレスに英語のメールが入り始めた。

英語のメールなんてクリックしたら大変なことになりそうだと思って削除していたのだが、あまりにも何度も同じものが届くので思い切って開いてみると、「for RENDO」と書いてある。

英語の分かる友人に訳してもらうと「錬堂さん、ペルーに行くことになっているんですね。ICAという機関のホームページに錬堂さんのことも載っているみたいです。どんなスケジュールで来るのか知らせてほしいと書いてあります」とのこと。

慌ててICAのホームページを見てみると、今回のギャザリング（世界長老会議のこと）には、日本からRENDOいうブッディストが参加すると書いてある。

とんでもないことになってしまった。なんとか理由をつけて断ろうとしたが、最初に行くと言ってしまっていたこともあり、結局行かざるをえなくなってしまった。

しかし、問題は費用のことだった。日本からペルーまでは20万円近くかかるというのだが、その頃行っていた健康セミナーは赤字続きで、銀行口座の残高は2万円を切っていた。

いったいどうすればいいんだと、しばらく頭を抱えて悩んでいると、突然、上人の顔が思い浮かんだ。「そうだ、上人のせいでこんなことになったんだから、上人にお金を借りよう」と思い、早速本應寺を訪ねた。

上人は快くお金を貸してくれて、私は本当に世界長老会議のためにペルーに行くことになったのだった。

第1回世界長老会議

2007年3月、長老会議が開催されるペルーへ向かう。

成田で日本人の同行者がいることが分かってホッとした。

ヒューストン空港のトランジットで5時間ほど待っている間に、不思議な人がどんどん集まってきた。頭に羽をつけた人やフェイスペインティングをしている人、つばにビーズがいくつもぶら下がった帽子をかぶった人など、なんとも異様な雰囲気だ。

そんな中、アダム・イエローバードを見つけた。実は彼はネイティブ（先住民族）ではないのだが、ネイティブだった前世の記憶があり、ＩＣＡ（Institute of Cultural Awareness Inc.）という機関を立ち上げてギャザリングを企画したのだ。

彼は私の顔を見ると、「オオー、レンドー・ジャパン」と叫びながらハグをして、再会を喜んだ。

ヒューストンからリマに入り、そこでまたしばらく待った。リマからチチカカ湖の近くにあるフリアカ空港に向かう飛行機の乗客は、ほとんどが今回のギャザリングに参加する長老とその関係者だった。

27部族48人の長老が乗っている機内には、異様なエネルギーが充満しているような気がした。

フリアカ空港に到着すると、「コンドルは飛んでいく」の生演奏が出迎えてくれた。長老たちは音楽に合わせて踊ろうと一斉に外に出たのだが、次々とその場で座り込んでしまった。

フリアカ空港の標高はなんと３８００メートル！　空気が薄くて酸欠状態になってしまったのだ。私は富士山の頂上でも走れるような人間だからまったく平気だったが、シャーマンのほとんどが高山病になってしまった。

皆口々に「頭が痛い」と言うので、「そうだ！　頭をパンパン叩くシャクティパットをやってやろう」と思いついた。

近くにいたシャーマンに「痛みが取れるかどうか分からないが、頭をすっきりさせる方法なら知っているから、やってやろうか？」「ＯＫ、頼むよ」ということで、パーンと叩いてやったら「すごい！　痛みがなくなった！」と大喜び。

その様子を見たシャーマンたちがどんどん並ぶので、片っ端から頭をパンパン叩いていった。異様な風貌のシャーマンたちが頭を並べて待っている様子は、なんともおかしくて今でも忘れられない。

そして、このことをきっかけに、私はシャーマンたちから「メディスンマン」と呼ばれるようになったのだった。

ホテルに到着し、翌日の朝10時に指定された会議室に行くのだが誰もいない。レストランに行くと、アダムが一人で何か食べている。話を聞くと皆高山病で起きてこられず寝ているらしい。結局ミーティングが始まったのは午後4時頃だった。

会議室に集まったのは北米のネイティブのホピ族、ダコタ族、ハバスパイ族など、南米のインディオはマヤの一族、インカの末裔、ペルーのシャーマン、モンゴリアン、それに日本人の私を加えた総勢48人のシャーマンがようやく一堂に会した。

しかし、集まったのはいいが、皆好き勝手に話していて一向に会議は始まらない。
私は暇に任せて、近くに座っていたシャーマンたちの肩や腰や足を順番にほぐしていった。皆、痛みに「ギャーッ」と叫んでは、動きやすくなったことを驚き喜んで、とても感謝してくれた。

長老たちが言うには、左側の肩、腰、膝が痛いのは、呪いか、あるいは何かが取り憑いているのだそうだ。
セージを焚いて呪文を唱えたりして、お互いに治し合ったりしているのだが、私から見ると、規則正しい生活もしていないようだし、食事にも無頓着だし、身体の調子が良くないのだろうなと思っていた。

余談になるが、仲良くなってから皆の年齢を聞くと、実はほとんどの人が私より年下だった。「おい、レンドー！」なんて偉そうに呼んでいた人から、急に「ミスターレンドー」と丁寧に呼びかけられるようになって、苦笑するばかりだった。

さて、そうこうしているうちに、ようやく長老会議が始まった。長老が次々と語っていき、会議は４時間以上続いたが、いよいよ終盤となり、この会議の代表者ともいえるマヤの最高神官ドン・アレハンドロ（ドン・アレハンドロ・シリロ・ペレス・オクスラ。グアテマラのマヤ民族長老評議会の代表）の話が始まった。

ざわついていた会場は静まり返り、彼の声が会場に響き渡った。

「立ち上がれ、すべて立ち上がれ。１つ、２つのグループも取り残されるな」。

「朝を到来せしめよ。
人々が平和になり幸福になるために、黎明を到来せしめよ。
我らはともに我らの子どもたちを見るであろう。
我らはともに我らの山々を見るであろう。
我らはともに我らの町々を見るであろう。

我らはともに我らの海川を見るであろう」

ドン・アレハンドロはマヤ民族の教え、ビジョン、預言の保持者である。

このようなメッセージは、今日でもきわめて生き生きとした教えであり、彼はそれらを伝えるために世界中を旅している。

今回の長老会議の目的は、長きにわたって語り継がれた伝説「コンドルとイーグルが舞う時」を実現させることだった。

コンドルとは南米のネイティブ、マヤ一族やインカの一族のこと、イーグルとは北米のネイティブ、ホピ族、ダコタ族を含む人たちのことだ。

この伝説、いつかは思い出せないのだが、たしかに聞いたことがあった。

しかも、私が聞いた話には続きがある。

「コンドルとイーグルが舞う時、ワタリガラスが西から知恵を持ってやってくる」。

西とは、どこを指すのだろう？　ワタリガラスとは、どういう存在なのだろう？

答えは分からないまま、この預言はいつも私の中で響き続けている。

聖地での祈りに思うこと

長老会議の正式なイベント名は「世界部族会議」という。

チチカカからマチュピチュまで、１６００キロもの距離をバスで移動していく11日間の旅で、様々な聖地で祈りをささげながら進んでいく。

この旅には、一般の参加者も２００名以上いた。同じホテルに泊まっているわけではないのだが、祈りの時になると、どこからか湧き出てくるように人が集まった。

聖地に着くと、長老たちは順にそれぞれの民族に伝わる祈りを捧げていく。ある長老は熊の毛皮をかぶって、ある長老はイーグルの羽をつけて踊ったり、独特の声を出したりする。

当然、私にも順番がまわってきて、「ネクスト、レンドー！」と呼ばれてしまう。私は祈り方なんて分からないが、聖地なのだからと思い、神社にお参りする時のように心を込めて、二拝二拍手一拝をした。

皆は「もう終わりなのか？」と驚いたが、「日本人は神に対してこうやるんだ。心を静かにして手を叩くと、こんな澄んだ、響く音が出るんだよ」とうそぶいた。

それにしても、祈りのセレモニーに集まってくる人たちは、実に面白くてたまらない。ある時には、長老でもなんでもないのに、その場で白い衣服にわざわざ着替えて、イエス・キリストを気取って演説を始める者がいた。すぐに取り押さえられて、その場から遠ざけられてしまったのだが、長老と長老の話の間を狙ってまた演説をはじめ、ちょっと面白いと、周りの長老たちは苦笑しながらも話を聞いていたりするのだ。
シャーマンたちよりも念入りに衣装を用意して、顔にもメイクを施して演説会場に近づく者も現れたりと、とにかく毎回、何かが起こるのである。

ただ、祈りを捧げる聖地は、そのほとんどが遺跡として大切にされているため、現地の人たちと必ずと言っていいほど揉めていた。

どうも、事前の申し合わせがされていなかったようで、異様な風貌の長老たちを見て、「異教のシャーマンが勝手に祈りなど上げるな」ということになるようだ。

世界と人類の平和のために巡礼の旅を続けている、そのための祈りであるという主張もたしかに一理あるとは思うが、現地の人たちの言い分もしごく当然のことだろう。

考えてみれば、最近日本でも同じようなことが起こっているように思う。

その聖地を昔から守り続けている人がいるのに、その人たちを尊重することなく、自分たちの勝手なやり方で祈ったり、奉納演奏や奉納舞といって自分たちの好きな音楽や踊りを披露したり、その神社では使わない祝詞を上げたりしている様子をＳＮＳなどで目にすることがある。そんなことをしては、その地に住む神々は混乱して怒り、潜んでしまうのではないだろうか。

聖地に赴く時は、その場所を守っている人に対して、礼を尽くして執り行わなければならないと強く思う。

旅の道中、多くの長老たちの身体のケアをしたことで、私はいつのまにか彼らに仲間、ファミリーとして、そしてメディスンマンとして受け入れられていった。

もちろん、私自身は自分がシャーマンだという意識は、いまだもってまったくない。しかし、このペルーの旅をきっかけに、それからは毎年のように世界各地で開催される長老会議に日本代表として呼ばれることになってしまった。

２００８年にはドン・アレハンドロを日本に迎え、さらにアリゾナ、スイス、コロンビア、フランス、ニューヨーク、バリ島、ニュージーランドなどへ次々と出かけることになった。

マヤの長老ドン・アレハンドロの来日

２００８年に入ってすぐ、アメリカのアリゾナに住んでいる友人を通して、「マヤの長老が日本に行けとの啓示を受けたので、その準備をしてくれ」と連絡が入った。

一行はマヤの長老夫妻を含む5名ということで、どう考えても３００万円ほどは費用がかかる。歓迎したい気持ちはあるが、費用のことを考えると、すぐに良い返事はできなかった。

しかしほどなくして、サポートを申し出てくれる人が現れたり、スポンサーが見つかったりと、信じられないことが次々と起こり、長老一行の来日を迎える見通しがついた。

一行は3月6日から16日間の予定で来日することになり、私たちは成田空港で出迎えた。

到着口で私を見つけた長老ドン・アレハンドロは、笑いながら渋い声で「オオー、ランボー！」と浅黒い手を伸ばして握手を求めた。彼はいくら訂正しても私のことを「ランボー」と呼ぶのだ。

早速始まった講演会や祈りのセレモニーなど全国各地でのイベントは、多くが大盛況であったが、高齢の長老には厳しいスケジュールだった。旅も中盤に差しかかった頃、長老の疲れきった表情を見た私は、皆と相談して、大事なイベント以外の予定はなるべくカットしていこうと決めた。

14・15日は講演の予定がなかったので、一行は神戸の山の上にあるオテル・ド・摩耶《まや》に滞在した。

聖地と呼ばれる六甲山系にある「マヤ」という地名にしてもそうなのだが、明確な根拠があるわけではないものの、日本とマヤの文明には、重なるところがあるように思えてならない。

15日の朝、ブリーフィングをしていると、突然長老から「ランボー、お前は私の講演を聞いたことがあるのか？」と聞かれた。

ギクッとして息が詰まる。実は私は、ずっと一緒にいながら彼の講演をまったくと言っていいほど聞いていなかった。長老の警護と荷物の運搬、さらにドライバーも務めていたので休む暇がなく、唯一休める講演中はほとんどロビーのソファーや楽屋で眠ってしまっていたからだ。

ただし、本当のところを言うとこれは言い訳で、縁あって親しくなった長老のことは大好きだが、話の内容にはあまり興味がなかったのだ。

長老は厳しい口調で「ファミリーとして旅をしているのだから、ファーザーの言うことはしっかり聞きなさい。神戸での講演は必ず聞くように！」と私に言い渡した。

私は下を向いて「はい、分かりました」と答えたものの、その日の講演後は、神戸から伊豆へ、徹夜で車を運転しなければならなかった。だから、チャンスがあればなんとか寝ておきたいと考えていた。


しかし、そのあたりのことも完全に見抜かれていたのだろう。講演が始まる直前、長老は私を呼び、「今日はお前が私を、壇上までエスコートしなさい」と言った。

「オープン」という声がかかり、ホテルのボーイさんが講演会場のドアを開けると、800人ほどの観客から大きな拍手があふれた。熱狂的な拍手の中を壇上まで案内すると、長老は空いている最前列の席を指さし、私にそこに座るよう小声で指示した。

やられた……と思ったが、もうどうしようもない。ざわついていた場内は水を打ったように静まり、マヤの最高神官ドン・アレハンドロの講演が始まった。


私は心の底、いや魂の底から驚いた。

「遠い昔から宇宙を旅して、我々はこの星に5回来ている」

長老はたしかに、そう言ったのだ。

長老ドン・アレハンドロの口から次々と出てくるのは、大宇宙で起きている驚愕すべき話だった。まるでＳＦ映画のようなそれらの話は、すべてマヤに伝わってきた伝承だという。

あまりにも突拍子もない話に、まったく理解が追い付かない。呼吸も忘れてポカーンと口を開けたまま、しかし一言も聞き漏らすまいと必死になって聞いた。

「我々はシリウスから、金星の縁を通ってブラックホールを抜けて入ってきた。

1回目は、プレアデス星団から来たマヤアトランティス。

つまりアトランティスの時代。

2回目は、カラマヤといってエジプト文明の時代。

3回目は、マヤチェスといってカンボジア。

4回目は、ナガマヤといってインド。

そして今、5回目の太陽が終わろうとしている。

我々は、宇宙へと戻る準備をしなければならない」。


なんてことだ！　長老の預言というのはこんな話だったのか。最初から聞いておけばよかったと思ったが、すでにあとの祭りだ。

人間は宇宙から来たっていうのか？　それに、太陽が終わるってどういうことだ？

地球が滅びるということなのか？


「しかし、恐れることはない。

我々は必ず、また生まれて歴史を繰り返す。

我々は、ほんの少し眠るようなものなのだ」。

不思議なことに、この話はどこかで聞いたことがあるような気がする。

いったいいつ、どこでだったのだろう？

わけのわからない興奮状態のまま、ドン・アレハンドロの2時間に及ぶ講演は終わった。会場には大きな拍手が鳴り響き、いつまでも止むことがなかった。

シャーマンとはなにか

私は自分が長老だとかシャーマンだとは、どうしても思えない。

シャーマンになりたいという人は多いので、そういう人がなればいいと思うのだが、長老たちはそろって「そういうものじゃないんだよ。立候補すればシャーマンになれるわけじゃないんだ」と言う。たとえば、ホピの預言の中では、「預言を伝える人は蒙古斑《もうこはん》を持っている」などと、きちんと決まっているのだそうだ。

そして、「俺たちがブラザー、ファミリーであり、シャーマンだと言っているんだから、レンドーはシャーマンなんだよ」ということになるのだ。


では、そもそも長老、すなわちシャーマンというのはどういった存在なのか。

太古から人の世は乱れるもので、それゆえ祈り人、シャーマンが存在する。シャーマンには３つのタイプがある。


まずは、薬を調合したり、身体を治したりする「メディスンマン」。

次に、昔から語り継がれている預言を伝える「語り部」。

そして、人を祝福したり呪ったりする「呪術師」。


どうも人の身体を治すメディスンマンは、シャーマンの中ではトップの位らしい。地球で生きていくためには、身体が維持できなければどうにもならないからだろう。

続いて、預言を一言一句違えずに伝承する語り部、これは人が生きていくための指針となるからだろう。

語り部は、自分の思いや見解、意味づけなどを入れることなく、伝えられたとおりのことを淡々と話す。

預言を語る人は世界中にたくさんいるが、マヤの長老ドン・アレハンドロやシューマッシュ族の長老タタチョなど、優れた語り部と出会ってきた私は、「こう思う」というような話し方をする人は怪しいのではないかと思う。それは預言などではなく、自分の想像で作りあげている話だということになるからだ。

そして、もうひとつが、呪術師ということになる。

美しい鳥の羽根などをまとって祈りの歌やダンスなどを捧げ、摩訶不思議な力を使うので、外見的には最もシャーマンらしい雰囲気なのだが、クマやワシ、イーグル、フクロウなど、動物たちの霊力を使ったりすることから、シャーマンの中では下位ということになるそうだ。日本でも、キツネや白蛇、タヌキ、ムジナといった動物霊の力を使った呪術があるが、それと同じなのだろう。

「神の声を聞いたなんて言うが、神が人間の言葉を使って、いちいち啓示なんて与えるわけがないだろう。それらは皆、上ではなく横から来る動物霊なんだよ。必要に応じてそういう霊力を使うのも悪いことではないが、パフォーマンスになってしまっては本末転倒だ。本当の神の力は違うんだ。そんな仰々しいものではないんだよ」

と、長老たちは教えてくれた。

最もシャーマンらしい生き方

アメリカの西海岸にサンタ・バーバラという街がある。

街中から約2時間半ほど、途中マイケル・ジャクソンが住んでいたネバーランドを通り過ぎて、山奥に入っていったところに、シューマッシュ族の長老タタチョは暮らしている。

タタチョに初めて会ったとき、彼は私を抱きしめて「久しぶりだな」と言った。「えっ！　会うのは初めてですよね？」と言うと「何を言ってるんだ！　一緒の船に乗ってきたのを覚えていないのか？」と不思議そうな顔をする。

当然何も覚えてないのだが、タタチョは「そのうち思い出すよ」と笑っていた。本当にそのうち思い出すのだろうか？

シューマッシュ族は、私の知るネイティブの中で、最もシャーマンらしい生き方をしていると思う。

サンタ・バーバラの街中で家を壊しているのを見つけると、窓枠やドアをもらってきて、それを中心に土で家を作っていくそうだ。雨が降らない地域だから、土で作った家で十分なのだ。そんな家が12棟ほど建っている様子は、ちょうど映画「ロード・オブ・ザ・リング」のホビット村のような感じだ。

日の出と共に起き、日没と共に眠りに就く。電気も通っていない。朝食を済ませ、農作業などの仕事をする。

また、彼らは雷が落ちた木だけは自由に切っていいという許可をもらっていて、その木で薪を作って売っている。この薪がなんとも言えない良い匂いがして、暖炉の中に4つも入れれば一晩中燃えているというほど火持ちが良く、とても人気がある。

そんな薪を作り、昼食が終わると夜に向かって風呂の準備をする。そして風呂に入って日没と共に眠るという、本当にシンプルな生き方をしているのだ。

タタチョに会いに行くのは、子供の頃に田舎の実家に行った時のような、とても懐かしい感じがする。

もちろん、あの世界にずっと住めるかと言われたら、あまりにも不便でとても無理なのだが、自然とともに生きる人間の根本というのは、こういうことなのだということが肌で感じられるのだ。

そういった意味では、他の聖地とは違い、タタチョの集落は「安住の地」というのが表現としてしっくりくる。

そう思うのは、もしかすると遠く離れたシューマッシュ族と日本人だが、なにか民族的な繋がりがあるからなのかもしれない。

タタチョの家に2回目に行ったとき、こんなことがあった。

タタチョの家の周りにはナチュラルハーブが群生していて、風が吹くととても良い香りが立ち込める。そこで私は「タタチョ、このハーブを摘んで売ったら良いんじゃない？」と提案した。決して楽とは言えないタタチョたちの暮らしぶりを知っていたから、少しでも現金収入が増えればという思いからだった。

ところが、タタチョは「それはお前が儲かるのか？」と言う。慌てて「違うよ。ハーブが売れたら、タタチョの生活がもう少し潤うと思うんだよ」と言うと、タタチョは怪訝《けげん》な顔をしてこう言ったのだ。

「レンドー、何を言ってるんだい？　我が家は去年より鶏が4羽増えた。嘘みたいだが馬も1頭増えたし、それに畑も少し広がった。一体これ以上、何が必要なんだ？」

私は頭から氷水をかぶせられたような気持ちになった。

タタチョは続けて言った。

「お前はハーブを採るって言うが、ハーブは俺たちだけのものじゃない。鶏や虫や様々な動物たちと共有しているものだから、勝手にそんなことはできないよ」。

ショックだった。

本当に必要なものなんて、そんなにはない。そのほとんどが生に対しての執着のようなものなのだ。彼らの生きざま、そこに流れている思想のようなものを知れば知るほど、分かっているようでいて、何も分かっていないことを痛感させられる。

シャーマンというのは、日本人の多くが想像するようなものではなく、もっとナチュラルな存在だ。祈りとは決して特別なものではなく、日々与えられるすべてのものに感謝して生きている、それそのものが祈りなのだろう。

タタチョはいつも「祈れと言えば祈れるし、儀式的なこともできるけど、そうじゃないんだよな」と言う。儀式をやるとなれば、きちんとできるのだが、本当のところはとてもナチュラルなのだ。

第7章

預言と向き合う

世界中に残された預言

長老ドン・アレハンドロは、人類はこれまでに5回、地球にやってきたと言っていた。にわかには信じがたい話だが、私にはあり得る話だと思えた。

アリゾナのセドナの岩山は、6億年の地層があらわになっていて、私たちはそれを間近に見ることができる。すると、1000回以上は絶滅と復活を繰り返しているのが分かるのだ。

実際、NASAが一度、4500年ほど前にメキシコ湾の沖に四国と同じくらいの大きさの彗星が落ちて、人類が滅亡したという発表をしたことがある。

残念ながらその記録は残っていないが、それ以前の動植物といえばシーラカンスくらいのもので、もはや何万年も前からつながっているものは何もないといっていいだろう。

その後、私は10年以上にわたって様々なネイティブから話を聞いてきたが、細かな違いはあるものの、どのネイティブも同じように「地球は何度も絶滅していて、その度に我々は宇宙に逃れてきた」と言っている。

1回目はニュージーランドのワイタハ族に伝わる預言。レムリアの時代で、シリウスからやって来たといわれる。

2回目はアメリカの先住民シューマッシュ族が言うには、シリウスから金星の縁を通って、3つのブラックホールを抜けてきた。

今の宇宙の常識では、ブラックホールはすさまじい重力によって、すべてのものを飲み込んでしまう天体ということになっているが、本当のところは誰も見たことも触ったこともない。

ネイティブたちの語るブラックホールはワープゾーンのようなもので、とんでもないスピードで抜けていくものだという。

この2回でやってきた人たちは、「水の一族」と言われる。

「レムリア」というのは、インド洋に実在したとされる大陸で、レムリアの人たちはワイタハ族も、同じニュージーランドのマオリ族も水の一族、龍蛇族とも言われていて龍の言い伝えが多くある。

この頃の人たちは、手に水かきの皮膜を持っていたという話なのだが、実は私の手にも水かきがあるので、この話を聞いた時には驚いた。

この2回についての伝承は、人類が最初に地球に入ってきた時のことを語っているだけで、何十万年前のことなのか、はっきりした時期までは分からない。

余談になるが、アメリカのシューマッシュ族などは、他の預言を持つ人たちとつながっていない。しかし、彼らも同じような話をするのだから本当に不思議だ。

たとえば、「宇宙から来た人たちは3本指」「ブラックホールを抜けてきた」「船(S

ＨＩＰ）で来ている」「ブラック・ホワイト・イエロー・ブラウンの人たちでやってきた」等々、挙げればいくらでもある。

彼らはもともとはシリウスから来たシリウス星人なのだが、人類が復活するサイクルが短くなってきたために、プレアデスで待機するようになったという。

3回目は、マヤの長老の伝承では1回目のことになる。

プレアデス（すばる）星団からやってきた人たちによる、マヤアトティス、いわゆるアトランティス時代だ。したがって、ムー大陸が沈んだ後の時代だろう。

4回目（マヤの2回目）はカラマヤといって、エジプト、メソポタミア文明の時代、5回目（マヤの3回目）はマヤチェスといって、カンボジア、アンコールワットの時代、6回目（マヤの4回目）はナガマヤ、インドの時代、そして最後の7回目（マヤの5回目）が、今の時代ということになる。

様々な預言を聞いていて、私はこの流れが仏教の経典に書かれていることと符合するということに気づいた。

仏教では、お釈迦様が出てくるまでに、お釈迦様を含めて7人の仏陀が現れたとされている。この過去七仏《かこしちぶつ》というのが、長老たちの語る7回とぴったり重なるのだ。

もちろん、これは私のこじつけの範疇《はんちゅう》を超えるものではないのだが、1回目から順に毘婆尸仏《びばしぶつ》、尸棄仏《しきぶつ》、毘舎浮仏《びしゃふぶつ》、倶留孫仏《くるそんぶつ》、倶那含牟尼仏《くなごんくにぶつ》、迦葉仏《かしょうぶつ》、そして釈迦牟尼仏《しゃかむにぶつ》・釈迦如来《しゃかにょらい》、すなわちお釈迦様だ。

そして、マヤの預言によると、「5番目の太陽の終息でしばらくの間、暗闇になる」とされている一方で、仏教の世界では釈迦の世界が終ると、弥勒菩薩の世界となり、56億7千万年の間、暗闇を見続けて次の如来を待つとされているのだ。

マヤの長老も含めて、最高神官は必ず、次の世代へと継承されていくものだった。しかし、第13代目にあたるドン・アレハンドロは「私で終わりだ」と話している。

仏教にも、次の時代の教えはない。このようなことを積み上げていくと、やはりそう遠くなく、すべてのものがリセットされるのだろうということになる。

もしも世界が滅亡するとしても

アメリカのアリゾナ州に住むホピ族の長老ジュリーは、終わりの時、高さ２０００メートルの波がやってくると言った。

まさか、と思うかもしれないが、たとえば月が軌道からほんのすこし離れただけで、潮の満ち引きのバランスが崩れて、高さ２０００メートルの波がきてもまったくおかしくはない。

そもそも太陽系の星々、それに月と太陽と地球の奇跡的とも言える関係性というのは、意識的に「創られている」ように思えてならない。
地球の自転はほぼ24時間だが、これが1時間ずれただけで地球の表面温度は40度ほども変わるという。月の引力がなければ今の大地の7割は海になってしまう。

人類が1回目にシリウスから来た時には、地球は海ばかりだったらしい。だから、地球に来た人はイルカに姿を変えて、入らなかった人はプレアデスで時を待ったそうだ。
時々、前世がイルカだったという人がいるが、もしかするとそれも本当なのかもしれない。私自身はあまり好きな話ではないのだが、長老たちが語っていることと符合している。

ジュリー長老は、大地はもともとは海だったのだから、「水が大地を取り戻しにやってくる」と言っていた。多くの人が地球の大地は火山活動などにより隆起してできたと言っているが、それはちょっとおかしいのではないか。

ヒマラヤ山脈でも、モンゴルの奥地でも、アリゾナの砂漠の中でも貝殻が見つかる。どこに行っても、そろいもそろって貝を吹き鳴らす。
どう考えても、何らかの理由で月が地球に近づき、引力で水が引いて大地になったというほうが信ぴょう性があるのではないかと思うのだ。

それにしても、はっきりした日時は分からないにしても、２０００メートルの波がくる、つまり地球が滅亡に向かっているのだとしたら、私たちはどうしたらいいのだろうか？

私は今まで多くの預言を預かるシャーマンたちに出会ってきたが、本当の意味で信頼できると思っているのは４人だけだ。
マヤの長老ドン・アレハンドロ、シューマッシュ族の長老タタチョ、ニュージーランドにいた片腕の男、そして亡くなってしまったがホピ族のジュリー長老だ。

なぜ彼らのことが信頼できるのかというと、この質問に対してまったく同じ返事をしているからだ。

「心配してもしかたない」。

彼らは、無意味に恐怖をあおったり、ああしろこうしろと命令したり、脅したりといったことは決してしない。

「たとえば、もしかすると今からちょっと出かけた先で、事故に遭って死ぬかもしれない。でも、あなたはそんなことを心配して生きるのか？　生きないだろう？　それと同じように、もし来週そんな日が来るとしても、その一週間、なにか特別なことをするだろうか？　しないだろう？」と言うのだ。

マヤの長老は全部で１４７人ほどいて、その全員が集まって何を伝えるのかということを決めて世界中に発信している。

ドン・アレハンドロは、「マヤについて、嘘の情報が世界中に広まってしまった。「それを正しに行け」という啓示を受けて、私は日本に来たのだよ」と話してくれた。

長老たちのあずかり知らないところで「マヤの預言によると２０１２年でマヤ暦が終わり、世界が滅亡すると言われている」などという間違った情報が広がってしまったことをドン・アレハンドロはひどく嘆いていた。

たしかに、「５番目の太陽が終わる」という伝承はあるが、それがいつなのかは分からない。地球規模で考えれば、５００年、１千年くらいは瞬きよりも短い時間であり、はっきりした時期を断言することなどできないのだ。

余談になるが、驚くことに、日本に来ているシャーマンの９割は偽物だという。

日本人はそういった話が好きだから、一番お金になると言われているそうだ。

また、いまスピリチュアルに関心のある多くの日本人が、聖地への旅に出かけるようになっているが、多くの観光客が聖地だと信じて訪れ祈りを捧げる場所が、実は本当の聖地ではないということもよくあるらしい。

私の信頼する長老たちは、「何が起こっても起こらなくても、今目の前で起こっていることに対して、一生懸命に生きるだけ。出会った人やもの、すべてを愛し、大切にしていくこと以外、私たちにできることは何もない」と穏やかに話す。

そしてこのことは、仏教はもちろん、世界中の信仰においても同様に言われていることだろう。

受け取る側の一人ひとりが、シャーマンや預言といったものに対する認識を、しっかり正しく持つことの重要性を感じずにはいられない。

もしも世界が滅亡するからといって、行動を変えようと思うのだとしたら、そんなことは関係なく、今すぐ生き方を変えるべきなのではないだろうか？

世界のリセットが近いという預言が、そんなふうに自分の生き方を考え直すためのきっかけになるなら、それもまた良いのではないかと思う。

人間の原種理論とノアの方舟

２０１６年11月15日、夜明け前に目が覚めた。

毎朝気持ちよく起きるが、この日の朝は格別だった。

「かぎろひ」の時間、リビングのソファーに座り、窓から水平線を見つめながら深い呼吸をした。秋の匂いのする空気が肺の中にいきわたり、脳にも涼しげな空気が沁みわたっていく。

その時「人類は猿の進化ではない」

そう、何かが、誰かが言ったような気がした。

人は猿から進化したものではないってどういうことだろう？
そうか、人間はひとつだけの同じ系統ではないということか。
だから、マクロビオティックの食事理論がピッタリ合う人もいれば、合わない人もいたんだ。きっとぴったり合う人は「草食系」なのだろう。

その後、私は多くの人を観察しているうちに、人間はおそらく様々な原種に分かれているのだろうということに気づいていく。
origin of life（オリジン・オブ・ライフ）、人間の原種理論の誕生である。

私は１９５０年生まれの団塊の世代なのだが、その割には手足が長い。しかし、当時は身長１５５～１６５センチくらいがだいたいの平均で、体型にしてもやせ型、中肉中背、肥満型の３つで収まっていた。

ところが１９７０年あたりから、体型に明らかなばらつきが出始めた。さらに、１９９０年、２０００年あたりになってくると、両親の体型とはまったく関係なく、１９０センチ以上で、手足が長く顔が小さな子供が生まれるということが頻繁にみられるようになってきた。さらに、その１９０センチを超える人たちの身体のポテンシャルが異常と言っていいほど高いことも少なくない。

こういった日本人の体格の変化は、一般的には生活様式が変わったことによるものだとされているが、それは違うだろう。

なぜなら、両親の身長が１６０センチ以上あるにもかかわらず、１５０センチに満たないような人も少なくないからだ。

なぜかは分からないが、これまでの遺伝の基本だった両親の因子を飛び越えて、もっと根本の因子が出てくるということが起こっているようなのだ。

私は、これは人類が今、原種化、つまり私たちが宇宙からやって来た原始の頃の状態に戻りつつあるということなのではないかと考えている。

映画の『スターウォーズ』では、主人公が言葉を話す動物や変わった生き物たちと旅をする。原種化のイメージを分かりやすくすると、そういう状況に向かっているということなのではないかと思うのだ。

私は人間観察を続けていくうちに、骨格や手足の形などの特徴を見ていくことで、原種をある程度分類できるようになった。

人間の原種には、二つの見方がある。

一つ目は水・木・金・土の4つの因子で分けること。だいたい手を見れば、どの因子かが分かる。

水系の人は指の股に水かきがあり、木系の人は指が先まで細くて長い。金系の人は手のひらの肉球が厚く、指が短い。土系の人は、指の付け根が大きくて丈夫といった特徴がある。

続いて二つ目は、そこから草食系、肉食系、魚食系、穀類系、ナッツ系、雑食系の６種類に分かれてくる。これは歯を見ていくと分かりやすい。

原種についての詳しいチャートを作っているのだが、分類がほぼ終わり、あとは確認だけというところでコロナ禍となってしまい、皆がマスクをするようになったせいで人間観察ができなくなってしまった。もう少し明確になったところで、多くの人の役に立つよう、発表していきたいと思っている。

自分のタイプが分かると、何を中心に食べていけばよいのか、逆に何を食べるとダメなのかということが分かってくる。

たとえば、草食系の人がマクロビを始めれば驚くほど体調が良くなるが、肉食系の人だと肌の色はくすみ、髪もパサパサになってしまう。草食系の人は全体の2割程度だと考えられるため、病気が治るどころか酷くなってしまう人がとても多いのだ。

人間はこの地球にいる動物たちの因子を借りて成り立っているのだと思う。同じ因子ばかりだと、疫病や飢饉などの困難があった時に絶滅してしまう。生き残れるように、うまく分かれて存在しているとすると、実によくできているなと思う。

詳しくは発表を待ってほしいのだが、具体的な動物たちについては、干支で考えると分かりやすい。最初はネズミ、これはげっ歯類といって、なんでも食べる雑食系なのだが、全体の40％を占めている。続くウシは草食系、全体の20％で2番目に多い。問題は架空の動物である龍なのだが、これは宇宙人系なのだと思っている。

もちろん、これらのことは私が自分の直感に基づいて、何十年も人間観察をしていくことでたどり着いた仮説に過ぎず、医学的な裏付けなどは何もない。

ただ、この「人間の原種理論」を大局的に見ていくと、シャーマンたちの預言とピタリと符合していくのだ。

長老たちの預言によると、いまの地球は、5番目の太陽が終わろうとしており、宇宙に戻る準備をする必要があるという。

2000メートルもの波がやってくる前に、私たちは宇宙に飛び出さなければならないということだ。

かつて地球が水に覆われた時に、地球上の全種類の動植物を乗せたノアの方舟。とてつもなく大きな船を想像しがちだが、実はペットボトルほどのものなのではないかと、私は考えている。

方舟に乗るのは肉体ではなく遺伝子だ。それなら、何千万種類でも十分おさめられるだろう。それを宇宙に放てば、何十億年かの眠りの後いずれ地球に戻った時に、またそこから始めていくことができるのではないかと思うのだ。

たとえば、50年前には大きな部屋ほどもあったスーパーコンピューターの性能が、今では小さなスマホに詰まっている。こういう技術の発展は、宇宙に行く方舟を作るための準備なのかもしれない。

そして、人間が原種に戻ってきていることは、より純粋な遺伝子を方舟におさめる準備が進んでいるのではないだろうか。

もちろんすべて、私の妄想に過ぎないのだが……。

第7回世界長老会議

コロナ禍で開催できなかった第7回世界長老会議を、2023年9月に日本で開くことにした。長老たちの話を皆で直接聞いて、一人ひとりがしっかりと考え判断することが大切だと思うからだ。

コロナ禍の間、長老たちはコロナの感染を恐れて、国外どころか、ほとんど外にも出ないような生活をしてきた。

世界中の先住民たちは、虐殺され、占領され、植民地になるという運命をたどってきた。そしてその時、侵略者たちは彼らが持っていなかった感染症を持ち込み、多くの人が倒れ、命を失った。その悲惨な経験から、長老たちは感染症を心底恐れているのだ。

理由は定かではないが、侵略者たちは、今でも先住民たちを根絶やしにしようとしているようだ。

多くの先住民たちには、「保護する」という名目で補助金が出ているのだが、働くとそれがもらえなくなる。補助金ほしさに働かないでいると、何もすることがないから、与えられたお金で酒や麻薬に溺れてしまう人が多くなる。

日本でも、アイヌの人たちのためにとアイヌ法ができている。先住民に対しては、なぜか同じことが行われているのだ。

実はこういった共通性のある預言を持っている先住民族と言われる人たちは、不思議と日本人とよく似ている。

たとえば、ラテンアメリカのマヤ族、アメリカのホピ族やシューマッシュ族、ネイティブアラスカのクリンギット族やエアーズロックの側に住んでいるアボリジニなどは、身体が小さくまるで日本人のような顔立ちをしている。

ヨーロッパでは、ドイツのベルリンとポーランドの国境近くにも、日本人とよく似た風貌の先住民族がいる。たしか、ケルト民族の末裔だと聞いたように思う。

面白いことに、白人など他の人種の人たちからは、同じような預言は聞こえてこない。

もしかするとこのあたりに、彼らが先住民を根絶やしにしようとする理由があるのかもしれない。

他の先住民たちは、本当に数が少なくなってきている中で、混血等はあるにしても、多くの人が同じ場所で暮らし続けているのは日本だけだ。

あまり好きな言い方ではないのだが、日本はこういった多くの預言の中心ということになるのかもしれない。

そんな日本だが、コロナ禍が落ち着いた今でも、多くの人がマスクをしたままで過ごしている。

もう少しは自己確立ができているだろうと思っていたのだが、国やマスコミの情報を信じて、その通りに動く人がここまで多いということは、今でも日本は戦争ができるということになるのだろう。また、そういった意味では、日本もすでに危機的状態にあると捉えるべきなのかもしれない。

でも、だからといって、私は決して悲観しているわけではない。

本当にいざとなったときには、潜在的に秘めている力を出せるのではないかと、大いに期待しているのだ。


第1回の世界長老会議に参加していた長老の半分ほどはもう亡くなっている。

ドン・アレハンドロはおそらくもう90代、数年前に事故に遭ったこともあり、この先外国に出かけることは難しいだろう。

今回日本に来てくれるシューマッシュ族の長老タタチョにしても私と同い年の70代、彼も飛行機に乗って海外に出るのは、もう心身ともに厳しいだろうと思う。

私よりも年下の長老もたくさんいたのだが、あの時からずっと、一番元気なのは間違いなく私だ。

一体なぜこんなことになっているのか分からないが、縁があったかぎりは、長老たちが懸命に伝えてきたことを、一番元気な私がきちんと伝えなければ、伝える場を作らなければという思いは強い。

預言といった類のことが好きな人なら、すぐに飛びつくのだろうが、正直私はそれほど興味があるわけでない。

ただ、もしかするとそんなフラットな立ち位置の私こそが、会議の主催としては最適なのかもしれない。

ともあれ、７回目となる世界長老会議が日本で開かれることには、おそらく大きな意味があるのだろうと思う。

神々の木が迷う今を生きる

マヤの最高神官ドン・アレハンドロをはじめとするネイティブの長老たちが世界をまわってきたのは、世界の滅亡、リセットが近いことを伝え、不安を煽ったり、脅したりするためでは決してない。

みずからが受け継いでいる預言をもとに、地球の生命、未来の危機を警告するためだ。

彼らにとっての生命とは、人間だけでなく動物、樹木、川や海など、母なる地球に存在するすべてのものだ。そうした生命は今、危機に瀕している。それは私たち人類の自然との不調和の結果である。

今の人類の歴史が４５００年以上あるとして、ここまで地球環境が破壊されたのはごく最近、たったの50～60年ほどのことだ。

私が小学生の頃は、伊豆の宇佐美の海に行けば、魚はすぐに釣れたし、少し潜ればサザエもアワビもタコもいくらでも獲れた。

子供の頃に見た空と、今の空ではまったく色が違う。あの頃は海と空が同じ色をしていた。夜空には星が、もう気持ち悪くなるくらいたくさんあった。小学校の先生が星座を説明しようと指さしても、どの星のことだか分からないくらいだった。

そしていま、神々の木が迷っている。

神々の木が葉を小さくつける年は、日照時間が短く雨が多い。木の下の植物たちに日光が届くようにするためだ。逆に日照りが続く年は、下の植物たちに日陰をつくるために葉を大きくする。

神々の木は7年前からその年の気候を予測して、それらの準備をする。

ところが最近、神々の木の様子がおかしい。小さな葉と大きな葉が半々で出てくる。

どうなるか分からないから迷っているのだ。そうすると、下の植物たちにもダメージがあり、それに必死に耐えている感じがする。

四季がなくなり、天候が極端になっている影響は、神々の木から植物たち、動物たち、そして私たち人間にも大きな影を落とし始めている。


そんな地球の危機に際して、長老たちは訴える。

この美しい地球の生命を守ること、そしてたしかな未来を新しい世代に継承することは今生きて在る私たちの責任だ。

たとえ、明日地球がリセットされるとしても、そのことに変わりはない。


そうした彼らの強い確信は、これまで運命の濁流の中で必死で生きながら感じてきた、私の思いとも重なる。

そしておそらく、その実現のために、思いを一にする世界中の人々が、知恵を共有し理解しあい、力を結集する必要があるのだろう。

エピローグ

終わりははじまり

２０２２年の春頃、朝早くに大阪城のお堀の周りを歩いていると「２０２４年で終われ」という言葉がやってきた。

いつだったか、親父が「引き際千両」という言葉を教えてくれたことがある。人というのは、どんなにすごいことをやっていても、引き際を誤ったら台無しになる。最後にどうやって身を引くかによって、「何文になるのか」「千両になるのか」、つまりその価値が決まるというのだ。

突然のことで驚いたが、たしかに少し前から、資料が完成に近づいている感覚があった。年齢的にも、身を引くには遅すぎるほどだ。

こうして私は、２０２４年12月31日で天城流湯治法から身を引くことを決めた。

周りの人たちは、突然の引退宣言に驚いて、「引退なんてできるわけがないだろう」という反応だった。

しかし、宣言してしまえばそのようになっていくものだ。資料作りも、私が辞めることを前提にしたことで、より力が入るようになった。

ただ、よく聞かれるのだが、引退後どうするのかはまったく分からない。

隠居生活もいいなと思うのだが、どうもそうはならない気がする。

職人として菓子屋に勤めていた時も、次の店を決めて辞めるようなことはまずなかった。「次の店が決まったから、じゃあ辞めるか」というのは美学に反する。そんな安全を担保するような生き方は、性に合わないのだ。

そもそも、将来のことは自分で発想して決めているつもりでも、運命というものは自分では何一つコントロールできないものだ。
多くの人が自分で閃いたと言うが、なんの根拠もなく閃くわけがない。そういった閃きは、誰か……目に見えない存在が教えてくれているということだと思う。そして、それならば先のことなど思案しても意味がない。

最近、丑三つ時のぬらりひょんの訪問から解放され、再び朝方の生活となり、かぎろひの時間に瞑想をすることが多くなった。
そして、そうなってみて気づいたのは、夜中の閃きは身体に関すること、夜明け前に閃くのは心や魂、精神に関することが多いということだ。

そんな中で、おぼろげながら見える引退後のビジョンは、多くの人の知恵袋のような存在になることだ。

私はこの年になって、20歳過ぎの若者たちと仕事をする機会を得た。

「俺たちの時代はこうだった」などということは口が裂けても言わないが、それにしても彼らはよく合わせてくれているなあと感心する。私の話は面白いらしいので、望まれるかぎりは話していこうと思う。

ただし、彼らと自分たちは生き物として別物だと思ってもいいほどまったく違う存在だ。パラダイムが違うのは、当然のことなのだということを分かっておいたほうがいい。

また逆に、同世代、つまり団塊の世代に死生観を伝えていくのかもしれないという思いもある。

身体を扱ってきたからこそ分かることなのだが、日本の人口で最も多い団塊の世代、彼らの多くは今、死を目前にして苦痛や恐怖に喘いでいる。そのエネルギーはあまりにも大きくすさまじい。その大元は何かというと、「死んだらどうなるのか」という不安なのだと思う。

かえりみると、私は死の疑似体験とも言える幽体離脱を3回も経験したし、死にそうになったことなら18回ほどもある。そんな経験をさせられたということは、それを伝える役割があるのかもしれないと思うのだ。

と言っても、そんな真面目な話ではなく、「良い感じに寿命を終わらせて、手を携えてみんなで天国へ行こうぜ！　楽しいぜ！」という感じになるだろう。

いずれにしても、これまでの経験は、私一人のためのものではない気がする。

もしかすると、これまでの自分の生きざまをこうして書いてきたのは、その第一歩なのかもしれない。

ただ、「残すからこれを大事にしろ」と思っているわけでは決してなく、あくまでも「残しておくから、使えるものがあれば使ってよ」くらいの感覚でいる。

終わりははじまりだ。

きっと今の私では想像もできないような旅が、待ち受けているのだろう。

ただ、もしも近い将来、世界がリセットされるのだとしても、私はこの世界が少しでも良くなるように、目の前のことを大切に、知恵を絞り、丁寧に生きていきたい。

何を決めることもなく、この運命に従って、ただひたすらに生きていくのみだ。

大空に羽を広げ、空高く羽ばたくワタリガラスのように。

PROFILE

杉本 錬堂　（すぎもと れんどう）

天城流湯治法の創始者。NPO 法人「錬堂塾」主宰。天城流湯治法・湯治司。

1996 年、健康保養による町づくりと地域活性を目指す「ヒーリングストーンズ」を設立。2000 年、日本の温泉療法アドバイザーとして招待され渡独。2001 年、NPO 法人「錬堂塾」を設立。静岡県地域づくりアドバイザー、健康・福祉・まちづくりアドバイザーとなる。2007 年、新しい湯治場づくりやセラピストの育成に力をいれながら全国ツアーを開始。世界に誇れる日本の健康文化として海外へ進出。アメリカ、ヨーロッパ、台湾、オーストラリアと活動を広げている。現在は指導者の育成に力をいれており、セラピスト・治療家・医師・格闘家・ダンサー・ミュージシャン・ヨギー、など多岐にわたる分野で、世界中に 700 名以上の指導者を育成している。2015 年、一般社団法人天城流湯治法協会設立。天城流湯治法協会では、身体と健康についてのカンファレンス「からだ会議」を日本全国各地、ならびにニューヨーク・サンフランシスコ・シドニーでも開催している。

RAVEN
運命に選ばれし者

この星の 未来を創る 一冊を
きれい・ねっと

2023年9月22日　初版発行

著　　者　杉本錬堂
発 行 人　山内尚子
発　　行　株式会社 きれい・ねっと
〒670-0904　兵庫県姫路市塩町91
TEL：079-285-2215 / FAX：079-222-3866
https://kilei.net

発 売 元　株式会社 星雲社（共同出版社・流通責任出版社）
〒112-0005　東京都文京区水道1-3-30
TEL：03-3868-3275 / FAX：03-3868-6588

デザイン　eastgraphy

ISBN978-4-434-32746-9